Persönlichkeitstrainings im Management

Managementkonzepte
Band 6
Herausgegeben von Klaus Götz

Jana Leidenfrost
Klaus Götz
Gerhard Hellmeister

unter Mitarbeit von Bianca Mund und Dagmar Hopf

Persönlichkeitstrainings im Management

Methoden, subjektive Erfolgskriterien und Wirkungen

2., verbesserte und erweiterte Auflage

Rainer Hampp Verlag   München und Mering   2000

Herausgeber: Univ. Doz. Dr. Klaus Götz
DaimlerChrysler AG, Leiter Managementkonzepte
(Personal Zentrale / Organisations-, Management- und Personalentwicklung)
Universität Klagenfurt
(Institut für Erziehungswissenschaft und Bildungsforschung)

Die Deutsche Bibliothek - CIP-Einheitsaufnahme

Leidenfrost, Jana
Persönlichkeitstrainings im Management : Methoden, subjektive
Erfolgskriterien und Wirkungen / Jana Leidenfrost ... 2., verb. u. erw.
Aufl., 2000 - München ; Mering : Hampp, 1999
   (Managementkonzepte; Bd. 6)
   ISBN 3-87988-444-7

1. Auflage: 1999
2., verbesserte und erweiterte Auflage: 2000

Managementkonzepte: ISSN 1436-2988

Lektorat: Ingrid Lechtenfeld, München

Liebe Leserinnen und Leser!
Wir wollen Ihnen ein gutes Buch liefern. Wenn Sie aus irgendwelchen
Gründen nicht zufrieden sind, wenden Sie sich bitte an uns.

© 2000 Rainer Hampp Verlag   München und Mering
        Meringerzeller Str. 16   D - 86415 Mering
        Internet: http://www.hampp.de

   Alle Rechte vorbehalten. Dieses Werk einschließlich aller seiner Teile ist ur-
   heberrechtlich geschützt. Jede Verwertung außerhalb der engen Grenzen des
   Urheberrechtsgesetzes ist ohne schriftliche Zustimmung des Verlags unzuläs-
   sig und strafbar. Das gilt insbesondere für Vervielfältigungen, Mikroverfil-
   mungen, Übersetzungen und die Einspeicherung in elektronische Systeme.

Vorwort des Reihenherausgebers zur zweiten Auflage

Die Thematik „Persönlichkeitsentwicklung" hat im Management in regelmäßiger Unregelmäßigkeit Konjunktur. In sehr unterschiedlicher Weise werden dabei Zugänge zu einem wichtigen Bereich des individuellen Erlebens und Verhaltens gesucht. Die Spannbreite der Angebote bewegt sich zwischen seriösen und unseriösen Maßnahmen. Power- und Motivationsseminare (von „Powerspritzen" und „Motivationsduschen" ist die Rede) suggerieren dem Management die Illusion von der Steuerbarkeit der Persönlichkeit durch vermeintliche Patentlösungen wie u. a. „Positives Denken".

Viele der so genannten Persönlichkeitstrainer haben keinerlei psychologische Ausbildung und es ist somit nicht sichergestellt, dass auftretende psychische Probleme fachgerecht bearbeitet werden können. Veränderungen laufen als Prozess ab, der von vielfältigen Wiederholungen und stetigen Übungen begleitet wird. Seriöse Trainer (im Gegensatz zu „Enter-Trainern") und Coaches nehmen sich deshalb zurück und stellen die/den Teilnehmer(in) in den Mittelpunkt. Sie sorgen für Rahmenbedingungen, die dem Thema angemessen sind, sie stellen Fragen, geben Feedback und sorgen für eine angemessene Nachbetreuung.

In der vorliegenden Arbeit soll das Feld der Persönlichkeitstrainings im Management bearbeitet werden, indem zunächst Begriffe geklärt werden und eine theoretische und empirische Einordnung vorgenommen wird. Anschließend wird dargestellt, was diese Trainings leisten sollen, leisten wollen und leisten können. In einer empirischen Untersuchung werden die Fragestellungen mit vielfältigem Datenmaterial unterlegt. Abschließend werden in einem Summary „kurz und bündig" einige Tipps gegeben, die es der Leserin und dem Leser ermöglichen sollen, Persönlichkeitstrainings in ihrem Nutzen und ihren Wirkungen objektiver und qualifizierter einschätzen zu können.

Stuttgart, im Winter 1999/2000

Klaus Götz

Inhalt

1	**Einleitung und Voruntersuchung**	**13**
2	**Theoretischer Rahmen**	**19**
2.1	Begriffliche Einordnung	19
2.2	Theoretische und empirische Einordnung	30
2.3	Was sollen Persönlichkeitstrainings leisten?	31
2.3.1	Die Unternehmen – Motive, Erwartungen und neue Anforderungen	32
2.3.2	Die Teilnehmer – Motive, Erwartungen und neue Anforderungen	36
2.3.3	Zusammenfassung und Schlussfolgerungen	46
2.4	Was wollen Persönlichkeitstrainings leisten?	47
2.4.1	Überblick	48
2.4.2	Ansätze	49
2.4.3	Zusammenfassung und Schlussfolgerungen	57
2.5	Was können Persönlichkeitstrainings leisten?	58
2.5.1	Evaluation als Bestandteil betrieblicher Weiterbildung	58
2.5.2	Empirische Studien zur Wirksamkeit von Persönlichkeitstrainings	60
2.5.3	Wirkfaktoren persönlichkeitsorientierter Trainings	68
2.5.4	Persönlichkeit als Faktor für differenzierte Auswirkungen?	71
2.5.5	Risiken persönlichkeitsorientierter Trainings	73
2.5.6	Sense und Nonsense auf dem Markt für Persönlichkeitstrainings	80
2.5.7	Zusammenfassung und Schlussfolgerungen	82
3	**Empirischer Rahmen**	**85**
3.1	Problemstellung	85
3.2	Fragestellung und Hypothesen	86
3.3	Methode	90
3.3.1	Erhebungsinstrument	90
3.3.2	Datenerhebung	95

4	**Ergebnisse**	**99**
4.1	Rahmenbedingungen und Trainereigenschaften	99
4.2	Erwartungen und Ziele	103
4.3	Interventionstechniken	107
4.4	Generelle Zufriedenheit	110
4.5	Allgemeiner Nutzen	111
4.6	Auswirkungen und Veränderungen	114
4.7	Transferunterstützungen	121
4.8	Transferhindernisse	123
4.9	Subjektive Wirksamkeitskriterien	124
4.10	Zukünftiger Bedarf im Bereich Persönlichkeitsentwicklung	127
4.11	Einflussfaktoren auf den Lerntransfer	128
5	**Diskussion und Konsequenzen**	**133**
5.1	Methodenkritik	133
5.2	Diskussion über Erwartungen und Ziele	136
5.3	Diskussion: Interventionstechniken	138
5.4	Diskussion: Nutzen und Veränderungen	140
5.5	Diskussion: Transfer	145
5.6	Diskussion: Rahmenbedingungen und Wirksamkeitskriterien	146
6	**Resümee und Ausblick**	**149**

Wegweiser für Persönlichkeitstrainings (Überblick: Wer, Was, Wie)   153
Adressen und Ansprechpartner bei Fragen und Problemen   193
Anhang: Fragebogen zu Maßnahmen der Persönlichkeitsentwicklung   197

Literaturverzeichnis   **211**

Abbildungen

Abbildung 1: Überlegungen zur Voruntersuchung — 15
Abbildung 2: Formelle Einordnung persönlichkeitsorientierter Interventionen — 26
Abbildung 3: Leitfaden zur theoretisch-empirischen Einordnung — 30
Abbildung 4: Das Managerprofil im Wandel — 39
Abbildung 5: Konfliktebenen der Arbeitswelt — 40
Abbildung 6: Teilnehmererwartungen vor dem Hintergrund kontextueller und persönlicher Einflüsse — 44
Abbildung 7: Cycle of Empowerment — 56
Abbildung 8: Der Trainings- / Evaluationszyklus — 60
Abbildung 9: Lewins Schichtenmodell der Persönlichkeit — 72
Abbildung 10: Risiken persönlichkeitsorientierter Trainings — 75
Abbildung 11: Bestimmungsfaktoren des Lernerfolges — 87
Abbildung 12: Variablen der Untersuchung — 88

Tabellen

Tabelle 1:	Rollensympathie	41
Tabelle 2:	„Welche konkreten Erwartungen hatten Sie an das Seminar/Training?" (Teilnehmerangaben aus der Voruntersuchung)	46
Tabelle 3:	„Wo in Ihrem Leben haben Sie Veränderungen durch ein Seminar wahrgenommen?" (Teilnehmerangaben aus der Voruntersuchung)	65
Tabelle 4:	Verhältnis der Seminarkosten zu Seminardauer	100
Tabelle 5:	Häufigkeitsverteilung über spezielle Rahmenbedingungen	102
Tabelle 6:	Häufigkeitsanalyse über Erwartungen und Ziele der Teilnehmer	104
Tabelle 7:	Clusterlösung über die Variable Erwartungen und Ziele	105
Tabelle 8:	Häufigkeit und empfundener Nutzen eingesetzter Interventionstechniken	109
Tabelle 9:	Häufigkeitsverteilung des subjektiven Nutzens über verschiedene Kategorien und Vergleich dessen mit den anfänglichen Erwartungen	111
Tabelle 10:	Prozentuale Verteilung des subjektiven Nutzens in verschiedenen Merkmalsklassen	113
Tabelle 11:	Häufigkeitsverteilung über subjektive Veränderungen und Auswirkungen	116
Tabelle 12:	Varimaxrotierte Ladungsmatrix über Auswirkungen und Veränderungen durch Persönlichkeitstrainings	118
Tabelle 13:	Botschaften und Leitsätze aus Persönlichkeitstrainings (Teilnehmerzitate)	122
Tabelle 14:	Subjektiv angegebene Wirksamkeit verschiedener Seminarelemente	125

Tabelle 15:	Gegenüberstellung positiver / negativer Seminardetails (Beispielzitate)	126
Tabelle 16:	Eta-Koeffizienten (Korrelation) über Zusammenhänge zwischen Seminarkomponenten und Faktoren des Lerntransfers	130

1 Einleitung und Voruntersuchung

> We can't rely on traditional training techniques to teach the new dimensions. The old models tend to be too static. We need new training tools that take into account the dynamic nature of the world and the jobs that lie ahead. (Cohen 1991, S. 35)

Im Mittelpunkt der vorliegenden Studie stehen Wert und Wirkung so genannter Persönlichkeitstrainings aus Sicht der Teilnehmer(innen). Diese Maßnahmen sind wichtige Anteile der Weiterbildung (Personal-, Organisations- und Managemententwicklung) in Unternehmen.

Vor dem Hintergrund wachsender Komplexität und Dynamisierung der Wirtschaft sind Führungskräfte und Mitarbeiter als ganze Persönlichkeiten gefragt. Risikobereitschaft, Intuition und kommunikatives Geschick bilden inzwischen für beruflichen Erfolg ebenso eine Grundlage wie ein erfolgreiches Selbstmanagement. So wächst der Bedarf an persönlichkeitsorientierter Weiterbildung in der Wirtschaft. Als unterstützende Maßnahmen für Führungskräfte und Mitarbeiter sind sie inzwischen in vielen Unternehmen ein fester Bestandteil des Personalentwicklungskonzeptes. Je nach Einsatzziel sind Persönlichkeitstrainings wichtiger Teil des Organisationsentwicklungsprozesses, der Ausbildungsmaßnahmen oder auch des Incentivekonzeptes für die Mitarbeiter.

Neben dem betrieblichen Einsatzbereich haben persönlichkeitsorientierte Veranstaltungen auch auf dem so genannten Psychomarkt viel Verbreitung gefunden. Sie stehen dort mit neuen Methoden dem Interessenten als Lebenshilfeangebot zur Verfügung. Mit Feuerlauf, Ayurveda oder Astrologiekursen sind Mann und Frau auf der Suche nach Orientierung, nach Lebenssinn und Rezepten für Glück und Erfolg in tendenziell unsicheren Zeiten.

Die Literatur zum Thema Persönlichkeitstraining ist geprägt von kritischen Stimmen. „Seelen-Striptease", „Gehirnwäsche", „Der Verstand bleibt auf der Strecke" heißt es in einschlägigen Artikeln (Caberta, Goldner & Hemminger 1997, Schwertfeger 1997 a, b und 1998, Thies 1996). Die Kritiken beziehen sich auf einzelne Verfahren, Rahmenbedingungen, Trainerqualifikation oder Vertragsbedingungen. Nicht selten gelten Aspekte als kritisch oder negativ, die in anderem Zusammenhang als positiv betrachtet werden. Vor allem Erfolgskurse und Kurse, die ausdrücklich Persönlichkeitsveränderung versprechen, werden heftig kritisiert (Hemminger 1996).

Über die Wirkung persönlichkeitsorientierter Trainings liegen bislang kaum wissenschaftliche Untersuchungen vor. Auch in der betrieblichen Weiterbildung sind Evaluationen solcher Veranstaltungen eher selten. Micklethwait und Wooldridge (1996) sehen in ihrem Buch The Witch Doctors den Sinn neuer Managementtechniken und entsprechender Kurse vor allem in der Reduktion von Angst in den höheren Führungsetagen. Der Wunsch nach einem Experten, einem „Guru", der weiß, was richtig ist und damit Sicherheit vermittelt, scheint eine geheime Sehnsucht des Managements zu sein. Gewinnen damit Persönlichkeitstrainings den Charakter vom Besuch eines Freizeitparks? Man zahlt hohen Eintritt, amüsiert und erschreckt sich – und geht am Schluss mit neuer Sicherheit und Zuversicht zurück in seine unveränderte Umwelt?

Um gezielter über Wirkungen derartiger Seminare und zu Grunde liegende Bedürfnisse der Teilnehmer zu erfahren, wurde mit der vorliegenden Studie bei den Teilnehmereinschätzungen angesetzt. Welche Erfahrungen macht der einzelne Teilnehmer mit diesen Trainings? Wofür erweisen sie sich als hilfreich? Was wird eher kritisch gesehen?

Untersucht wurden gleichermaßen Motive und Erwartungen an die Seminare, Rahmenbedingungen und Nützlichkeit der Interventionstechniken sowie Auswirkungen und Veränderungen durch die Seminare.

In der Bundesrepublik Deutschland wurden dazu Teilnehmer(innen) von Persönlichkeitstrainings, vor allem Führungskräfte, schriftlich befragt. Zusätzlich fanden im Rahmen einer Voruntersuchung Interviews mit Weiterbildungsexperten von Unternehmen, Anbietern derartiger Trainings und ehemaligen Teilnehmern statt. Ziel der Studie ist es, einen umfassenden Überblick zum Thema Persönlichkeitstraining zu geben, der zur Vorbereitung zukünftiger Forschungsvorhaben auf diesem Gebiet dienen soll.

Die vorliegende Arbeit orientiert sich an folgenden Gliederungspunkten:

1. Theoretischer Rahmen und hypothesengenerierende Ergebnisse der Voruntersuchung (Telefonstudie)
2. Empirischer Rahmen mit
    - Fragestellung, Hypothesen und Methode der Hauptuntersuchung
    - Datenerhebung und Stichprobe
3. Ergebnisdarstellung
4. Diskussion
5. Resümee und Ausblick.

Für die **Voruntersuchung** wurden verschiedene Zielgruppen (Unternehmen, Anbieter, Teilnehmer) einbezogen, um der Komplexität des Themas Rechnung zu tragen.

Das grundlegende Ziel bestand darin, differenzierte Sichtweisen (Anbietersicht, Unternehmenssicht, Teilnehmersicht) zu Motiven, Zielen und Auswirkungen persönlichkeitsorientierter Maßnahmen zu beleuchten, um eine gezielte Erhebung von Teilnehmererfahrungen vorbereiten zu können.

Grundlegend für die Voruntersuchung waren folgende Ausgangspunkte (vgl. Abbildung 1):

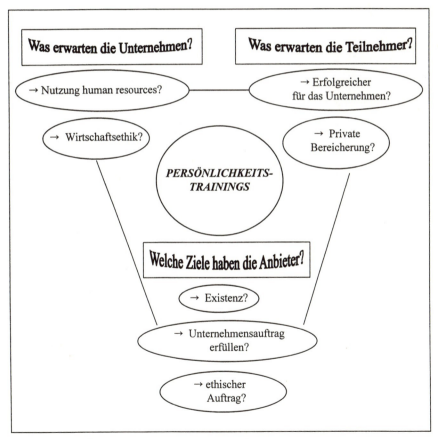

Abbildung 1: Überlegungen zur Voruntersuchung

Dazu wurden folgende Verfahren eingesetzt:

- Dokumentenanalyse mit dem Ziel der Analyse und Systematisierung wesentlicher Materialien zu Seminaren der Persönlichkeitsentwicklung,
- Expertenrating mit dem Ziel eines Erkenntnisgewinns aus Aussagen von Bildungsexperten, Anbietern und Teilnehmern,
- Literaturstudium mit dem Ziel der kritischen Sichtung und Systematisierung wesentlicher Ergebnisse bisheriger Veröffentlichungen,
- telefonische Interviewbefragung mit dem Ziel des qualitativen und quantitativen Erkenntnisgewinns aus Verbraucheraussagen und
- deskriptive statistische Analyseverfahren mit dem Ziel der quantitativen Prüfung der Fragestellungen.

Zeitschriftenanalyse und Anbieteranalyse

Aus Weiterbildungszeitschriften und –datenbanken stammt der erste Eindruck zu Verbreitung bzw. Variabilität des Inhalts. Anschließend wurden von 50 Anbietern Angebote zu Seminaren der Persönlichkeitsentwicklung angefordert und hinsichtlich angegebener Methoden, Seminarinhalte und Ziele untersucht.

Experteninterviews

In einem zweiten Schritt wurden mit Weiterbildungsverantwortlichen von Unternehmen, Anbietern und Teilnehmern Experteninterviews geführt. Dazu wurden meist große Unternehmen verschiedener Branchen und Anbieter mit unterschiedlichen Methoden und Trainingsverfahren direkt angesprochen. Anhand eines halbstandardisierten Interviewleitfadens entstanden (telefonisch oder in persönlichem Kontakt) fünf Interviews mit Weiterbildungsexperten, zehn Interviews mit Anbietern sowie weitere sechs Interviews mit Teilnehmern.

Wesentliche Frageinhalte für Unternehmen und Anbieter waren Ziele der Persönlichkeitsmaßnahmen, Stellenwert und betriebspolitische Einbettung. Weitere zentrale Inhalte waren Methoden und Verfahren, Trainerausbildung, Kosten, Rahmenbedingungen, Evaluation, bisherige Erfahrungen zur Wirksamkeit und zukünftige Einsatzbereiche von Persönlichkeitsentwicklung.

Bei Anbietern wurde zusätzlich nach zu Grunde liegenden Werten sowie dem eigenen Erfolgsverständnis gefragt.

Ebenfalls in diesen Erhebungsschritt eingebunden waren zwei offene Interviews mit Sektenbeauftragten des Landes Berlin und des Landes Rheinland-Pfalz, die speziell für den Managementbereich Auskunft geben konnten. Dieser Schritt erschien uns notwendig, da gerade der Bereich Persönlichkeitstrainings in Schlagzeilen sehr häufig mit Psychosekten in Verbindung gebracht wird (vgl. Conrad 1994, Goldner 1996, Poweleit 1994).

Seminarbeobachtung

Um sich persönlich eine Vorstellung von der Arbeit der Anbieter, der Verwendung psychologischer Methoden sowie Auswirkungen und Wirksamkeitskriterien dieser Trainings machen zu können, wurde in einem weiteren Schritt ein Wochenendseminar zum Thema „Sand im B(g)etriebe? Erfolgsblockaden lösen!" (E. Eickhoff „Erfolg ist mühelos." Erlebnis-Seminare) beobachtet und ausgewertet.

Telefonstudie

Speziell für die Erfassung von Teilnehmermotiven, -bedürfnissen und -erfahrungen wurde ein weiterer und damit letzter Voruntersuchungsschritt gestaltet, an den die Hauptuntersuchung direkt angeknüpft war. Dabei wurden Teilnehmer mit entsprechenden Seminarerfahrungen durch eine umfangreich angelegte Telefonstudie befragt. Zu diesem Zweck wurden Pressemeldungen an Presseagenturen und Fachzeitschriften gesandt, um die Untersuchung und die Möglichkeit von Telefoninterviews publik zu machen, und um gleichzeitig eine relativ zufallsgesteuerte Auswahl der Teilnehmer zu realisieren. So wurde erreicht, dass fünf (bundesweite) Tageszeitungen sowie fünf etablierte Weiterbildungsmagazine Anzeigen[1] platzierten. Es meldeten sich vorrangig Führungskräfte mit entsprechenden Seminarerfahrungen. Die für die Befragung eingerichtete Telefonhotline war von eigens dafür geschulten und regelmäßig supervidierten Interviewern besetzt. Mithilfe eines halbstandardisierten Interviews

---

1 Auf den genauen Wortlaut der Presseberichte hatten wir keinen Einfluss, so dass der Duktus der Pressemeldungen sehr unterschiedlich war: „Manager und ihre Sinnkrisen", „Chancen und Risiken im Persönlichkeitstraining" oder „Studien benötigen Futter".

wurden Erwartungen, Seminarinhalte, verwendete Methoden, Auswirkungen der Trainings sowie kritische Erfahrungen erfragt.

Aus der Telefonaktion konnten 19 Teilnehmerinterviews für die Voruntersuchung ausgewertet werden (Geschlechterverteilung: 14 Männer/5 Frauen, Alter: Durchschnittsalter bei 42 Jahren; Altersbereich von 25–55 Jahre, Familienstand: 44 % ledig; 50 % verheiratet; 6 % geschieden, Herkunft: alte Bundesländer 53 %; neue Bundesländer 47 %, Beruf: Führungskräfte und Selbstständige).

2 Theoretischer Rahmen

2.1 Begriffliche Einordnung

Das Fundament der psychologischen Schulung ist der Glaube an die Veränderbarkeit des Menschen durch Lernen und Erfahrung, die nicht nur in jungen Jahren prägend wirken können. (Berthold, Gebert, Rehmann & von Rosenstiel 1980, S. 221)

Mit dem Thema Persönlichkeitsentwicklung als Bildungsmaßnahme stehen zu Beginn drei grundlegende begriffliche Fragen im Raum:
1. Was versteht man unter Persönlichkeit?
2. Ist die Persönlichkeit überhaupt veränderbar?
3. Was kann man unter Maßnahmen zur Persönlichkeitsentwicklung verstehen?

Der Begriff Persönlichkeit

Der Begriff der Persönlichkeit wird innerhalb der Literatur sehr breit verwendet. Je nach intendiertem Sachverhalt, nach historischem Kontext oder nach Autor werden dabei sehr unterschiedliche Erklärungsmöglichkeiten herangezogen.

Im alltagspsychologischen Verständnis wird unter Persönlichkeit eines Menschen die Gesamtheit aller seiner Eigenschaften (Dispositionen/Gestalteigenschaften) verstanden, in denen er sich von anderen unterscheidet. Oft sagt man, „das ist aber eine herausragende Persönlichkeit!" und meint damit einen Menschen mit Ausstrahlung, Charisma und persönlicher Reife. Persönlichkeit wird in diesen Fällen nur auf positiv gewertete Eigenschaften bezogen. Häufig werden diese dann für einzelne Bereiche konkretisiert. Am Arbeitsplatz rechnet Bieker (1991) einer Persönlichkeit folgende Merkmale zu:

- Leidenschaft,
- Überzeugung,
- strategisches Denken und Handeln,
- Klarheit des Wertesystems,
- Energie,

- Teamgespür und
- Meisterschaft in der Kommunikation.

Dieses Alltagsverständnis von Persönlichkeit macht insofern Sinn, dass individuelle Besonderheiten beschrieben werden können, aktuelles Verhalten erklärt wird und zukünftiges Verhalten vorhergesagt werden kann.

Das wissenschaftstheoretische Verständnis von Persönlichkeit geht jedoch weit darüber hinaus. Seit Jahrzehnten setzt man sich dort differenziert mit möglichen Definitionen des Begriffs auseinander. Dabei reicht die Spannweite von „die Grundformen des menschlichen Seins" (Wellek 1966, zit. nach Dorsch, Häcker & Stapf 1994, S. 561) über „der individuelle Aspekt des Menschen" (Thomae 1968, zit. nach Dorsch et al. 1994, S. 561) bis hin zu zahlreichen komplexen Konstrukten mit über fünfzig Bedeutungskomponenten der Persönlichkeit (Allport 1959). Die zahlreichen Persönlichkeitstheorien lassen sich nach der zu ihrer Erstellung verwendeten Methoden (philosophisch, psychoanalytisch, empirisch) unterscheiden, nach den als analytische Einheit vorherrschenden Konstrukten (Eigenschaften, Faktoren, Einstellungen, Selbst, etc.) und den die Persönlichkeit dominierenden Aspekten (struktural, dynamisch, feld- und systemabhängig) (vgl. Dorsch et al. 1994, S. 563 ff.). Zusammenfassend kann man folgende grundlegend verschiedenen Paradigmen differenzieren (vgl. Amelang & Bartussek 1997, Asendorpf 1996, Zimbardo 1992):[2]

1. Psychoanalytisches Paradigma (Freud, Adler, Jung, Erikson, Murray, etc.)
2. Eigenschaftsparadigma (Allport, McCrae, Costa, Guilford, Cattell, Eysenck, etc.)
3. Behavioristisches Paradigma (Skinner, Watson, Rotter, Bandura, etc.)
4. Humanistisches Persönlichkeitsparadigma (Rogers, Maslow, Bühler, etc.)
5. Informationsverarbeitungsparadigma (Sternberg, Heckhausen, Dörner, etc.)
6. Dynamisch-interaktives Paradigma (Magnusson, Sameroff, etc.)

Verhaltenstheoretisch geprägte Wissenschaftler erklären die individuellen Besonderheiten der Persönlichkeit vor allem an Merkmalen des Verhaltens und weniger auf Grund der dahinter liegenden Strukturen. Der Mensch kommt nach deren Annahmen gewissermaßen als unbeschriebenes Blatt zur Welt und sein zukünftiges individuelles Verhalten entsteht auf Grund seiner Lerngeschichte. Eigenschaftstheoretiker hingegen gehen von der Existenz grundlegender konti-

---

2 Diese Einteilung wird in der persönlichkeitspsychologischen Literatur unterschiedlich gehandhabt und je nachdem, welcher Fokus dahintersteht, auch unterschiedlich formuliert (vgl. Amelang & Bartussek 1997, Asendorpf 1996, Fisseni 1998).

nuierlicher Dispositionen (traits) aus, die als individuelle Eigenschaften das Verhalten einer Person zeitlich und mit Einschränkungen auch situativ konstant beeinflussen. Zusätzlich zu den konstanten traits werden states - umgangssprachlich auch als aktuelle Stimmungen bezeichnet - zur Beschreibung der Persönlichkeit nach dem Eigenschaftsparadigma herangezogen (Amelang & Bartussek 1997, Asendorpf 1996, Fisseni 1998). Bislang existiert noch keine einheitliche Definition von Persönlichkeit, sondern es wird je nach Erklärungsschwerpunkt das eine oder andere Paradigma bevorzugt (Persönlichkeitstests beziehen sich in der Regel auf das Eigenschaftsparadigma).

Im Gegensatz dazu wird in Seminaren Persönlichkeit eher alltagspsychologisch aufgefasst. Die hohe Differenz der Definitionen spielt eine untergeordnete Rolle. Bei der Arbeit am Begriff Persönlichkeit steht damit die ganze Bandbreite der Charakteristika von Persönlichkeit, angefangen von individuellen Bedürfnissen, Werten und Einstellungen über Wünsche, Interessen, Charaktereigenschaften bis hin zu konkreten Verhaltensweisen (soziale Kompetenzen, vor allem kommunikative und kooperative Verhaltensweisen und personale Kompetenzen, hier insbesondere Selbstwahrnehmung, Reflektieren des Selbstkonzeptes) zur Debatte (vgl. dazu Sonntag & Schaper 1992, S. 187 f.). Auch das Welt- und Menschenbild der Teilnehmer wird angesprochen, wenn auch oft nur implizit. Hintergrund ist die Annahme, dass Welt- und Menschenbilder als interne Paradigmen eine wesentliche Komponente für (die Veränderung von) Personen darstellen (vgl. Oerter 1992, S. 35). Diese so genannten Ethnotheorien (bewusstes Selbst- und Menschenbild) sind nicht nur für die Informationsaufnahme und -verarbeitung, sondern auch für das Handeln selbst grundlegend. Sie können demnach speziell bei Veränderungsprozessen je nach ihrer Komplexität und Adäquatheit entwicklungshemmend oder -fördernd sein.

Um trotz dieser Bandbreite, eine für den Kontext dieser Arbeit passende Definition von Persönlichkeit zu geben, erscheint Brandstätters Auffassung am geeignetsten: Persönlichkeit sei zu charakterisieren, als „eine für eine bestimmte Person charakteristische, über längere Zeit (...) beständige Art und Weise des Erlebens und Verhaltens in bestimmten Arten von Lebensumständen." (Brandstätter 1992, S. 41).

Der Begriff Persönlichkeit an sich bleibt komplex, sowohl als Begriff wie auch als theoretisches Konstrukt. Ähnlich umfangreich sind damit auch Annahmen zur Persönlichkeitsentwicklung i. e. S. und zur Stabilität bzw. Veränderbarkeit der Persönlichkeit.

Zur Veränderbarkeit der Persönlichkeit

Nach allgemeinem Verständnis hat Persönlichkeitsentwicklung dann stattgefunden, wenn sich einzelne Eigenschaftswerte einer Person ändern bzw. wenn instabile Tendenzen des Erlebens und Verhaltens in stabile Persönlichkeitseigenschaften überführt werden. Das heißt, dass grundsätzlich immer von einer zumindest mittelfristigen Stabilität der Persönlichkeit zwischen zwei Zeitpunkten ausgegangen wird (vgl. Asendorpf 1996). Innerhalb der bereits angesprochenen Paradigmen der Persönlichkeitspsychologie herrschen dennoch sehr unterschiedliche Standpunkte zur Stabilität bzw. Veränderbarkeit der Persönlichkeit. Wissenschaftstheoretisch wird somit Persönlichkeitsentwicklung auf unterschiedliche Weise erklärt.

Das Eigenschaftsparadigma liefert ein statisches Bild von Eigenschaften (traits), die zumindest mittelfristig stabil sind. Als einige der stabilen Grundpfeiler der Persönlichkeit betrachtet man dabei Temperamentseigenschaften (Impulsivität), Extraversion / Introversion, Dominanz, Optimismus, Feindseligkeit, Gewissenhaftigkeit oder Konkurrenzdenken (vgl. Brandstätter 1992, Conley 1985). Diese Vorstellung herrschte lange Jahre vor, bis Mischel (1968) nachweisen konnte, dass die angenommene Stabilität wohl relativ konstant über die Zeit, aber nicht konstant über verschiedene Situationen gilt. Die Psychoanalyse und der Behaviorismus hingegen gehen davon aus, dass die Persönlichkeit eine Funktion der Umwelt sei. Freud nahm an – wie auch seine Nachfolger, dass es die frühkindliche, familiäre Umwelt sei, die die Persönlichkeit langfristig präge, während der Behaviorismus die Lerngeschichte insgesamt betrachtet und insofern auch außerfamiliäre, späte Lernerfahrungen als Ursache für Persönlichkeitsveränderungen bis ins hohe Alter hinein zulässt. Gerade auf den lerntheoretischen Annahmen zur Verhaltensvorhersage und -veränderung fußt die verhaltensorientierte Psychotherapie bzw. viele Verhaltenstrainings mit Rollenspielen, Beobachtungslernen, um nur zwei von vielen Übungsformen zu nennen.

Sieht man die bisher genannten Modelle gewissermaßen als Spezialfälle einer Person-Umwelt-Wechselwirkung an, so versucht das dynamisch-interaktionistische Paradigma eine umfassendere Erklärung zu liefern. Es wird von einer wechselseitigen Beeinflussung (dynamische Interaktion) der Umwelt auf die Person und umgekehrt ausgegangen (Magnusson 1990). Für den Bereich der Persönlichkeitsentwicklung gelten damit drei wesentliche Punkte:

- die Organisation des Verhaltens einer Person und die Organisation ihrer Umwelt sind mittelfristig konstant,

- Persönlichkeitsfaktoren und Umweltdeterminanten können sich langfristig ändern und
- diese Änderungen beruhen auf Veränderungsprozessen innerhalb der Person und der Umwelt und auf Einflüssen der Umwelt auf die Person und umgekehrt.

Dieses Modell gewinnt zunehmend an Bedeutung in entwicklungspsychologischer Forschung (Bronfenbrenner 1979) sowie im Rahmen systemischer Ansätze der Psychotherapie, der Weiterbildung oder der Organisationsentwicklung.

Die Frage nach Stabilität / Veränderbarkeit der Persönlichkeit wird vor dem Hintergrund des dynamisch-interaktionistischen Paradigmas folgendermaßen beantwortet:

1. Für unterschiedliche Persönlichkeitsbereiche ist die Stabilität unterschiedlich hoch. Am stabilsten ist der Intelligenzquotient (IQ), mittelhoch stabil sind selbst- und fremdbeurteilte Temperamentseigenschaften und am wenigsten stabil sind allgemeines Selbstwertgefühl und allgemeine Lebenszufriedenheit.

2. Sobald die Umwelt einigermaßen stabil ist, verfestigt sich das Wissen hierüber und durch stabilere Erwartungen werden auch individuelle Besonderheiten der Wahrnehmung und des Verhaltens stabiler, beispielsweise Einstellungen, Interessen, Werte und das Selbstkonzept.

3. Umgekehrt sinkt die Stabilität vieler Eigenschaften mit zunehmender Instabilität der Umwelt.

4. Mit wachsendem Alter nimmt die Möglichkeit der Beeinflussung der Umwelt zu, sodass diese besser der eigenen Persönlichkeit angepasst wird (Person-Umwelt-Passung). Das wiederum stabilisiert die Persönlichkeit rückkoppelnd (Asendorpf 1996, S. 232 ff.).

Obwohl unter diesen Prämissen Persönlichkeitsseminare ihre Berechtigung hätten, ist zu bezweifeln, dass für die Mehrzahl der Kurse derartige Überlegungen überhaupt eine Rolle spielen. Vielmehr wird hierfür, ähnlich wie für den Begriff der Persönlichkeit, alltagspsychologisches Wissen zurate gezogen. Jede Nichtkonstanz von Verhaltenstendenzen wird damit als Persönlichkeitsveränderung interpretiert. „It is fashionable to believe that change exists", schreibt Wrightsman (1988, S. 133), denn implizit wird damit klar, „we can be more than we are now." (S. 155).

Bei so genannten Persönlichkeitsentwicklungstrainings geht es eher um den Fokus Person, verbunden mit Training von Verhaltensweisen, Reflexion von Verhaltensmustern und Persönlichkeitseigenschaften – also eher um Persönlichkeitsentfaltung als um Persönlichkeitsveränderung.

Doch auch im Falle der Persönlichkeitsentfaltung ist es wichtig, das Individuum mit seiner Persönlichkeit nicht losgelöst, sondern als Subsystem, eingebettet in verschiedene soziale Systeme (Familie, Unternehmen, Gesellschaft etc.) zu betrachten (Person-Umwelt-Interaktion). Jegliche Intervention am Individuum kann damit die Umwelt zugleich mit beeinflussen. Wenn von Wirkungen persönlichkeitsorientierter Trainings gesprochen wird, sind die angrenzenden Systeme immer mit zu beachten.

Zusammenfassend ist zu sagen, dass es sowohl für den Begriff der Persönlichkeit als auch den der Persönlichkeitsentwicklung vielfältige Erklärungsmöglichkeiten gibt, die jeweils vom vorherrschenden Erklärungsparadigma abhängig sind. Bei so genannten Seminaren zur Persönlichkeitsentwicklung stehen neben konkreten theoretischen Annahmen zu Persönlichkeitsentwicklung (humanistisch, psychoanalytisch, behavioristisch, etc.) häufig alltagspsychologische Erklärungsmuster im Vordergrund. Persönlichkeit fungiert dann eher als Begriff und diesem werden vor allem positive Eigenschaften zugeschrieben. Als Persönlichkeitsveränderung wird jede Nichtkonstanz des Verhaltens interpretiert („Er ist viel selbstbewusster geworden"). Häufig steht an Stelle von Persönlichkeitsveränderung eher bewusste Reflexion der eigenen Person und die Entfaltung positiver Eigenschaften im Vordergrund.

Persönlichkeitsentwicklung im weiteren Sinne lässt sich, bezogen auf Weiterbildung, in folgenden Kernpunkten zusammenfassen:

1. Personen können sich langfristig ändern, mittelfristig sind verschiedene Persönlichkeitseigenschaften unterschiedlich stabil.

2. Nachhaltige Verhaltensveränderungen des sozialen Verhaltens sind, wenn überhaupt, kaum durch Wissensvermittlung, sondern vielmehr durch reflektierte Erfahrungen zu erzielen (vgl. Brandstätter 1992, S. 58). Entscheidend sind dabei vor allem emotionale Aspekte.

3. Veränderungsprozesse der Person beeinflussen die Umwelt und umgekehrt.

4. Innerhalb von Weiterbildungsmaßnahmen sind entsprechende Bedingungen in Betracht zu ziehen:

- die persönliche Bereitschaft (das Wollen),
- die individuelle Fähigkeit zur Veränderung (das Können, das heißt, Bildungsbemühungen sind auf die Persönlichkeitsmerkmale des Lernenden abzustimmen) und
- die Einbettung in soziale Systeme (das Dürfen innerhalb der Organisation oder anderer Umwelten) (vgl. Streich 1997a, S. 305).

Wenn grundlegende Ziele vorhanden sind und die Person durch geeignete Methoden und Bedingungen in einem Mindestmaß kognitiv sowie emotional involviert ist, sind Veränderungen der Person erreichbar und unter entsprechender Transfergestaltung auch stabilisierbar (vgl. Fischer & Gehm 1990).

Im Folgenden wird mit einem weit gefassten Begriff von Persönlichkeitsentwicklung gearbeitet. Persönlichkeitsentwicklung im wissenschaftstheoretischen Sinne ist nur vor dem Hintergrund eines bestimmten Paradigmas, mithilfe von Längsschnittuntersuchungen und im Vergleich von Individuen zu einer Gesamtstichprobe festzustellen. Vor allem Ersteres ist auf Grund der zahlreichen Ansätze persönlichkeitsorientierter Maßnahmen nicht zu leisten.

Taxonomie von Maßnahmen zur Persönlichkeitsentwicklung

Zunächst stellt sich „Persönlichkeitsentwicklung als eine irgendwie andere Form der Personalentwicklung" dar (Knoppe 1994, S. 60). Genau betrachtet, könnten alle Bildungsmaßnahmen in irgendeiner Weise der Persönlichkeitsentwicklung dienlich sein, da sie mit der Persönlichkeit des Einzelnen arbeiten.

Nur relativ selten finden sich auf dem Weiterbildungsmarkt konkret abgrenzbare reine Persönlichkeitstrainings. Meist sind Angebote zur Persönlichkeitsentwicklung in eine Vielfalt anderer psychologischer Hilfs- und Fortbildungsangebote unterschiedlicher Zielstellungen eingebettet, obwohl sie nicht selten die gleichen Methoden nutzen. Hemminger (1996, S. 14) zählt dazu folgende Maßnahmen:

- psychologische Methoden zur Auswahl von Mitarbeitern(innen),
- psychologische Motivationstechniken für Mitarbeiter(innen),
- psychologische Kommunikationstechniken,
- Coaching (persönliche Einzelsupervision) mit psychologischen Mitteln und
- Persönlichkeitsentwicklung im engeren Sinne.

Häufig wird zwischen betrieblichen Weiterbildungsmaßnahmen zur Persönlichkeitsentwicklung und so genannten Erfolgs- und Psychokursen aus dem Bereich der Lebenshilfeangebote unterschieden. Wissenschaftlich definierte Festlegungen zur Abgrenzung von so genannten Persönlichkeitstrainings gibt es bisher nicht. Eine andere Art der Unterscheidung oder Zuordnung dieser Maßnahmen ist über Interventionstechniken, Interventionsebenen und inhaltliche Schwerpunkte möglich. In Abbildung 2 wird versucht, eine formelle sowie inhaltliche Systematisierung persönlichkeitsorientierter Interventionen darzustellen.

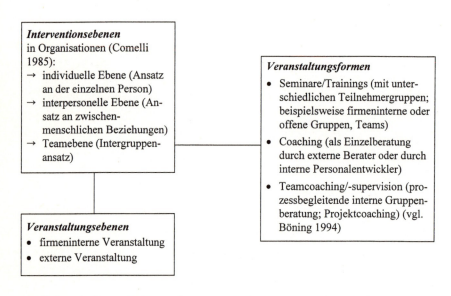

Abbildung 2: Formelle Einordnung persönlichkeitsorientierter Interventionen

Generell ist zu beachten, dass die Maßnahmen meist mehrere Perspektiven integrieren, was eine eindeutige Einordnung oft erschwert, aber auf Grund der Komplexität von Organisationen ein Vorteil ist. Für eine Einordnung eignen sich weiterhin inhaltliche Schwerpunkte (S. 27) und Interventionsansätze (S. 28):

Inhaltliche Schwerpunkte:

1. **Klärung von Fragen/Problemen zur eigenen Person:**

   Bearbeitung von Misserfolgen, Krisen, Sinnfragen; Veränderungsmanagement; Selbstreflexion und Reflexion persönlicher Ziele, Lebensentwürfe; Lebens- und Karriereplanung; körperlich, geistige und seelische Gesundheit (Aufklärung, Prävention, Behandlung); Stress und Stressmanagement

2. **Schnittstellen von Arbeit-Freizeit-Familie:**

   Rollenkonflikte, Energieverteilung, Partnerschaft, Familie...

3. **Verknüpfungen zum beruflichen Bereich:**

   Führung und Kommunikation; effektive Arbeitsorganisation und Leistungsverbesserung; Entwicklung von Sozialkompetenzen wie Kooperation, Konfliktfähigkeit, Intuition; Potentialanalyse und -entfaltung; Teambildung; Berufsethik; Erfolgsregeln.

Interventionsansätze:

- *kognitiv-orientierte Wissensvermittlung*
  (Vorträge, Plenumsdiskussionen)
- *gruppendynamische Trainingsformen*
  (Encounter-Gruppen, Sensitivity-Trainings, Outdoor-Wilderness-Trainings, Gruppendynamik)
- *psychotherapeutische Ansätze und Techniken*
  → verhaltenstherapeutische Verfahren (Rollenspiele, Verhaltenstraining)
  → tiefenpsychologische Verfahren (Psychoanalyse, analytische Verfahren nach Adler oder Jung)
  → humanistische Ansätze (Transaktionsanalyse, Logotherapie, Gesprächstherapie)
  → systemische und familientherapeutische Ansätze
  → Entspannungsverfahren (autogenes Training, progressive Muskelrelaxation)
  → suggestive Verfahren (Neurolinguistisches Programmieren, Hypnose, Imaginationsarbeit)
  → transpersonal-psychologische Verfahren (Meditation, Biographiearbeit)
- *persönlichkeitsdiagnostische Methoden:*
  wissenschaftliche Persönlichkeitsinventare (Trierer Persönlichkeitsfragebogen, Freiburger Persönlichkeitsinventar u. a.); wissenschaftlich ungeprüfte Methoden (Myers/Briggs-Typenindikator, Biostrukturanalyse, Enneagramm u. a.)
- *Körper- und Bewegungsverfahren*
  (Atemarbeit, fernöstliche Verfahren, Tai Chi, Yoga)
- *künstlerisch-kreative Verfahren*
  (Tanz, Musik, Handwerk, Märchenarbeit)
- *Fitness-Ernährungsberatung, Life-Styling*
  (Farbberatung, Umgangsformen)
- *Esoterisch-spirituelle Verfahren*
  (Astrologie, schamanistische Rituale, Feuerlauf, Positives Denken, Tarot, Aromatherapie)

(vgl. Federspiel & Lackinger-Karger 1996, Hemminger 1996, Mayer & Götz 1998, Neuberger 1994, Regnet 1997)

Inhalte und Methoden sind sehr eng miteinander verknüpft und oftmals entsteht durch Anwendung einer bestimmten Methode ein inhaltlicher Fokus oder umgekehrt. Bis Ende der 70er-Jahre wurde viel mit Encounter-Gruppen und Sensitivity-Trainings[3] gearbeitet.

Dort lag ein inhaltlicher Fokus auf Prozessen der Selbst- und Fremdwahrnehmung, Feedback über Beziehungen sowie Kommunikation in der Gruppe. Smith (1975) berichtet mit einer Überblicksstudie von signifikanten Veränderungen, wie günstigeres Selbstkonzept, mehr Toleranz und flexibleres Verhalten im Rahmen dieser gruppendynamischen Trainings. Später erkannte man Transferdefizite dieser auf Selbsterfahrungsprozesse und gruppendynamischen Reflexionen fokussierten Interventionen und implementierte vermehrt berufliche Situationen und Problemstellungen (Arbeitsmethodik, Zeitmanagement unter anderem) sowie Selbstmanagementstrategien (Führung der eigenen Person bis hin zu Outdoor-Trainings) (Gairing 1996, Neuberger 1994, Winkler & Stein 1994).

Betrachtet man das heutige Methoden- und Themenspektrum, entsteht der Eindruck, dass sowohl Unternehmen vor der Notwendigkeit zur Innovation stehen, als auch Anbieter (gerade offener Trainings) unter dem Druck stehen, Neues anzubieten oder gewissen Modetrends zu folgen - beispielsweise fernöstlichen Verfahren (Regnet 1997). In den seltensten Fällen bieten die Seminare bestimmte theoretische Richtungen oder Ansätze in Reinkultur. Vielmehr bevorzugen viele Anbieter und Unternehmen eine eklektische Herangehensweise, bei der sowohl theoretische Konstrukte als auch Gestaltungs- und Interventionsmethodik aus verschiedenen Richtungen übernommen werden.

Für den Kunden ist das bei professioneller Anwendung positiv, bereitet aber gerade für die Auswahl von geeigneten Anbietern zum Teil Probleme. Einerseits sind die Auskünfte über Methoden und Seminarablauf in Angeboten oft sehr spärlich und andererseits muss die Frage nach der Verlässlichkeit der Seminarbeschreibungen gestellt werden, da diese ja vermarktet werden müssen (Regnet 1997).

---

3 Gruppendynamische Trainingsformen, aus der sozialpsychologischen Lewin-Schule; aus den sogenannten T-Groups und humanistischen Therapieströmungen (C. Rogers) hervorgegangen. Selbst- und Fremdwahrnehmung, Offenheit und Rückmeldungen über zwischenmenschliche Beziehungen in der Gruppe sowie Möglichkeiten zur Selbstentfaltung in der Gruppe standen im Vordergrund (vgl. Dorsch, Häcker & Stapf 1994).

2.2 Theoretische und empirische Einordnung

Für Weiterbildung steht die grundsätzliche Zweckfrage zur Debatte: „Was will, was soll und was kann Weiterbildung leisten?" Diese Grundfrage soll Ausgangspunkt der folgenden theoretischen Überlegungen zu so genannten Persönlichkeitstrainings sein:

→ Was sollen Persönlichkeitstrainings leisten?
→ Was wollen Persönlichkeitstrainings leisten?
→ Was können Persönlichkeitstrainings leisten?

1. Was sollen Persönlichkeitstrainings leisten?

a) Persönlichkeitstrainings als innovatives Element der Personalentwicklung
b) Unternehmen (Ziele, Herangehensweisen)
c) Teilnehmer (Erwartungen, Ziele)

Hintergründe:

a) Neue Anforderungen im Management
b) Lebensfelder und Problemfelder der Führungskraft

PERSÖNLICHKEITS-TRAININGS

3. Was können Persönlichkeitstrainings leisten?

a) Evaluation als Bestandteil
b) Empirische Studien zur Wirksamkeit von Persönlichkeitstrainings
c) Die Teilnehmer (Erfahrungen)
d) Überlegungen zu persönlichem Nutzen und Wirksamkeitsfaktoren
e) Kritische Überlegungen, persönliches Risiko

2. Was wollen Persönlichkeitstrainings leisten?

a) Weiterbildungsszene für Persönlichkeitstrainings
b) Die Anbieter (Phänomenologien: Ziele, Methoden, Werte, Erfolgsglaube)
c) Modelle der Entwicklung von Managementfähigkeiten: Paradigmenwechsel in der Aus- und Weiterbildung von Führungskräften?

Abbildung 3: Leitfaden zur theoretisch-empirischen Einordnung

Da Maßnahmen zur Persönlichkeitsentwicklung in verschiedene Kontextsysteme eingebettet sind – Anbieter, Teilnehmer und Unternehmen – entstehen verschiedene Sichtweisen. Bisherige Befunde und theoretische Überlegungen werden im Folgenden diesen Kontextsystemen zugeordnet, um damit Hintergründe und unterschiedliche Herangehensweisen an Maßnahmen zur Persönlichkeitsentwicklung darstellen zu können. Während die Literatur zu vielen Punkten kaum Ausführungen bietet, wurde auf Interviewmaterial mit Unternehmensvertretern, Anbietern und Teilnehmern zurückgegriffen.

2.3 Was sollen Persönlichkeitstrainings leisten?

Es geht hier um mehr Bewusstsein und Klarheit zu persönlichen und beruflichen Zielsetzungen, Quellen des eigenen Führungsverhaltens, eigene Werte und Ziele sowie persönliche Einstellungen und Grundhaltungen. Über die berufliche und persönliche Reflexion, Standortbestimmung und Zukunftsorientierung soll eine Weiterentwicklung der eigenen Führungspersönlichkeit erreicht werden. (Götz 1994, S. 448).

Im folgenden Kapitel geht es um Hintergründe für den Bedarf persönlichkeitsorientierter Maßnahmen aus Unternehmenssicht und aus Sicht der Führungskräfte sowie um daraus entstehende Erwartungen und Ziele für derartige Seminare. Nach Einschätzungen von Unternehmen wird das Thema Persönlichkeitsentwicklung im Vergleich zu anderen Weiterbildungsthemen zukünftig den größten Zuwachs an Bedeutung (11,9 %) gewinnen (vgl. Graf & Bußmann 1996).

Welchen Nutzen versprechen sich Unternehmen von diesen Seminaren? Welche neuen Anforderungen entstehen für Unternehmen und Mitarbeiter auf Grund sich wandelnder wirtschaftlich-kontextueller Bedingungen und welche Bedürfnisse ergeben sich daraus? Welche Erwartungen bringt der einzelne Teilnehmer in die Seminare mit?

Die Untersuchung von Erwartungen, Motiven oder Anlässen für die Seminarbesuche bildet eine wesentliche Grundlage für die Seminarauswirkungen. Denn Erwartungen tragen im Sinne einer selektiven Informationswahrnehmung, -aufnahme und -verarbeitung wesentlich zum Ergebnis der Kurse bei. Bei der Vielfältigkeit der Angebote ist bei folgenden Ausführungen immer mit zu bedenken, dass zwei Richtungen vorherrschen: (a) Kurse, die nachvollziehbare Fertigkeiten wie beispielsweise Führungstechniken, Teamfähigkeit lehren und (b) Kurse, die ausdrücklich Persönlichkeitsveränderung versprechen oder im Sinne von Erfolgskursen Patentrezepte für Erfolg und Leben anbieten (vgl. Hemminger 1996). Je nach Kursschwerpunkt variieren damit auch die Erwartungsschwerpunkte von rein fachlicher Weiterbildung bis zu umfassender Auseinandersetzung mit ganz persönlichen Fragen. Natürlich sind Unternehmens- und Teilnehmererwartungen oft unmittelbar miteinander verknüpft.

2.3.1 Die Unternehmen – Motive, Erwartungen und neue Anforderungen

„Organisationen werden immer besser im Management von Wissen und immer leerer an Gefühl und es gilt, auch unbewusste Ressourcen in der Organisation zu nutzen." (ein Weiterbildungsverantwortlicher)
„Innovation ist das Ziel; es geht darum, diese Mentalität zu vermitteln." (ein Unternehmer)

Hintergründe für den Bedarf

Für Unternehmen sind neue Anforderungen von außen (Verknappung der Ressource Zeit, Verknappung der Ressource Geld und Steigerung der Komplexität) sowie von innen (veränderte Arbeitsstrukturen, geänderte Führbarkeit der Mitarbeiter; neue Werte und Ziele der Mitarbeiter, etc.) entstanden (vgl. Doppler & Lauterburg 1994). Man spricht von erheblicher Dynamisierung und Komplexitätszunahme der Umwelt. Die Geschwindigkeit und die Vernetzung, in der Veränderungen stattfinden, neue Produktentwicklungen entstehen und Informationen übertragen werden, nimmt erheblich zu. Damit wiederum wird es zunehmend schwieriger, sowohl die Einflüsse auf das Unternehmen und den Erfolg sowie die Auswirkungen organisatorischen Handelns einzuschätzen und fassbar zu machen (vgl. Götz 1997). Komplexität bewirkt Unsicherheit. Eine häufige Reaktion ist ein ständiger Entscheidungs- und Handlungszwang mit zu kurzfristigem Denken und Erfolgsstreben. Auch innerorganisational hat die Unsicherheit und Komplexität Auswirkungen: es fehlt an Integration (Jeder gegen jeden) und kollektiven Sinnzusammenhängen. Der notwendige Blick auf das Ganze kann kaum noch realisiert werden.

Schließlich kommen neue Werte und gewachsene Anforderungen von den Arbeitnehmern selbst. Sanfte Karriere lautet eine Studie der B.A.T. Freizeitforschung. 63 % der unter 34-jährigen wollen einen Job, der Spaß macht und in dem sie ihre eigenen beruflichen Vorstellungen verwirklichen können. Von langen Arbeitszeiten oder Überstunden wollen 94 % der Befragten nichts mehr wissen. Die neuen Werte lauten Eigenverantwortung, weniger Hierarchie, Weiterbildungschancen und Zeit für Hobbys und Freunde (Die Welt, 10/1997).

Veränderung wird zum Schlagwort und neue Konzepte wie Business Reengineering oder Total Quality Management entstehen von Jahr zu Jahr neu. Veränderte Strukturen erfordern jedoch veränderte Führung und veränderte Kommunikationswege. Damit steht und fällt letztlich der Erfolg eines Umwandlungsprozesses mit den involvierten Menschen. Unternehmen entwickeln neue Zielgrößen, die den gewandelten Anforderungen der Führungskräfte und Mitarbeiter Rechnung tragen sollen. Clifford und Cavanaugh (zit. nach Doppler & Lauterburg 1994, S. 47 ff.) stellen fünf wesentliche Faktoren für erfolgreiches Change-Management dar:

1. Kreative Unruhe,
2. Konfliktfähigkeit,
3. Zusammengehörigkeitsgefühl,
4. Sinnvermittlung und
5. Kommunikation.

Zur Bewältigung dieser Veränderungen steht Lernen im Vordergrund: Lernen, neue Fähigkeiten einzusetzen, mit neuen Mitteln zu führen, auf Unsicherheit und auf Komplexität flexibel zu reagieren, lernen, innerhalb neuer Arbeitsstrukturen effektiv zu sein und lernen, bei allen Veränderungen Orientierung und Sinn nicht zu verlieren. Dann sind Unternehmen gefragt, Wege zu finden, welche Führungskräfte und Mitarbeiter für neue Anforderungen qualifizieren. Vor diesem Hintergrund kommt dem Thema Training und speziell dem Thema Persönlichkeitsentwicklung neue Bedeutung zu. Sowohl in Ausbildungsgängen, innerhalb von Weiterbildungsangeboten bis hin zum Outplacement gewinnen übergreifende Kompetenzen, auch so genannte human skills gegenüber sämtlichen anderen management skills zunehmend an Bedeutung.

Wie aber werden persönlichkeitsorientierte Maßnahmen in Unternehmen eingesetzt und was erwarten sich diese davon?

Motive und Erwartungen der Unternehmen

Persönlichkeitstrainings finden im Rahmen verschiedener organisationaler Projekte und Weiterbildungsmaßnahmen ihre Anwendung: als Seminar zur Persönlichkeitsentwicklung mit Blick auf Reflexion und Standortbestimmung der eigenen Person, als Führungstraining mit Blick auf den Einsatz sozialer Kompetenzen oder als Incentive-Veranstaltung, um Mitarbeiter neu zu motivieren bzw. Grenzen überwinden zu lassen.

Innerhalb der Experteninterviews mit Unternehmen während der Voruntersuchung waren drei grundsätzliche Auffassungen zur Anwendung von Persönlichkeitstrainings innerhalb von Organisationen zu finden:

1. Geringer und unkonkreter Stellenwert: Die Frage nach persönlichen Chancen und Risiken durch die Kurse wird wenig beachtet, da es vorrangig um Fachliches geht. Wenn Evaluationen durchgeführt werden, stehen fachliche Kompetenzen im Vordergrund.
2. Stellenwert im Sinne eines neuen Erfolgsmittels und Incentives für die Mitarbeiter. Damit werden häufig sehr hohe Erwartungen und Veränderungshoffnungen verbunden: spektakuläre externe Anbieter werden engagiert. Die Maßnahmen sind häufig Kurzeinsätze, langfristige Auswirkungen auf die Person und deren Umfeld werden kaum beachtet.
3. Hoher Stellenwert der Maßnahmen als Bestandteil der gesamten Unternehmensstrategie. Eingebunden in ein komplexes Konzept mit Evaluation und oftmals auch mit Transferbegleitung. So können Chancen und Risiken relativ gut eingeschätzt werden.

Als Auswahl von konkreten Motiven für den Einsatz persönlichkeitsorientierter Maßnahmen werden folgende Punkte dargestellt:

1. Weiterbildung wird zunehmend als Muss-Investition, als fester Bestandteil strategischer Unternehmensentwicklung betrachtet. Ziel ist die lernfähige Organisation, die sich den Anforderungen des Marktes einerseits sowie dem geänderten Anspruchsniveau der Mitarbeiter andererseits zu stellen vermag (Merk 1994). In Weiterbildungsveranstaltungen wird deshalb Wert auf Inhalte gelegt, welche diesen Anforderungen gerecht werden. „*Damit der Laden überlebt, muss was Neues passieren*" (ein Weiterbildungsverantwortlicher). „*In Standardweiterbildungen hat man doch alles schon erlebt, das bringt nicht mehr viel Neues*" (ein Teilnehmer). Um also einerseits den Wandel erfolgreich zu gestalten, setzen Trainings zur Persönlichkeitsent-

wicklung an übergreifend einsetzbaren Kompetenzen wie Kommunikationsfähigkeit, Konfliktbewältigung, Intuition und Kreativität an (vgl. Change-Management). Andererseits wollen sie dabei auch auf veränderte Bedürfnisse der Mitarbeiter eingehen, indem sie dem Teilnehmer mehr als nur neues Fachwissen bieten.

2. Vor allem Führungskräfte stehen vor neuen Anforderungen, da sie die Veränderungsprozesse zu initiieren und zu steuern haben, ihnen aber gleichzeitig selbst unterliegen (Regnet 1994). Unternehmen müssen deshalb vor allem für diese Zielgruppe die Möglichkeit schaffen, sich neue Kompetenzen anzueignen und ihrer sozialen Verantwortung gerecht werden. Dort nutzt man Seminare zu den Themen Gesundheit, Selbstverständnis als Führungskraft sowie zu den Themen Schnittstellen Beruf/Familie/Freizeit, Karriereplanung und Standortbestimmung.

3. Wandel bringt Verunsicherung. Durch Seminarinhalte wie Selbstbewusstsein, Selbstreflexion oder Eigenverantwortung versuchen Unternehmen diese Unsicherheit auch bei ihren Mitarbeitern zu reduzieren. Themen wie Shared Vision, Unternehmensethik und Unternehmenskultur sollen Möglichkeiten der Orientierung und Identifikation der Mitarbeiter mit der Organisation geben. Ein großer Bedarf an Orientierung und Standortbestimmung besteht gerade auch bei ostdeutschen Führungskräften.

4. Neue Arbeitsstrukturen erfordern in der Organisation einen anderen Umgang miteinander. Durch abgebaute Hierarchien und neue Gruppenarbeitsformen entstehen mitunter Widerstände: Macht muss abgegeben werden, alte Traditionen werden aufgelöst und neue, andere Wege genutzt. *„Da wurde Gruppenarbeit eingeführt und von einem Tag auf den nächsten die Kompetenz dazu verlangt"* (ein Teilnehmer). Hinzu kommt, dass neue Strukturen selten auf Anhieb so effektiv oder bewährt wie alte arbeiten. Es entstehen Gruppendruck, Konflikte und völlig neue Dynamiken. Mit persönlichkeitsorientierten Interventionen im Team oder auf Projektebene versuchen Unternehmen die Bewältigung fachlicher Aufgaben und interpersoneller Anforderungen zu verbinden (als Organisationsentwicklungsmaßnahme auch on the job). *„Unser Team wollte diesen Baustein, weil wir gemerkt haben, dass wir an der Stelle ‚Umgang mit Konflikten' hängen'".* (ein Teilnehmer)

Letztlich sind alle Motive und Erwartungen, die Unternehmen an diese Weiterbildungsform knüpfen abhängig von aktuellen Aufgaben, Zielen und Unternehmensphilosophien. Häufig jedoch gilt gegenüber psychologisch orientierte Trainingsmaßnahmen der Vorbehalt, nur die soft facts im Unternehmen zu stärken (Zufriedenheit, Loyalität, etc.) (vgl. Nork 1991, S. 49 ff.). Gerade bei umfangreichen Veränderungen wird oftmals mehr auf finanziell-technische Umstrukturierungen gesetzt, da es als schwierig angesehen wird, psychosoziale Dimensionen gleichermaßen mit ökonomischen, technischen oder strukturellen Dimensionen zu verbinden.

Auf diesem Gebiet werden gerade auch im Bereich Persönlichkeitsentwicklung neue Verbindungen mit Prozesslernen oder Projektmanagement gefragt sein, um einerseits den finanziell-ökonomischen Bedingungen Rechnung zu tragen und andererseits diese Art der Weiterbildung aus der Ecke der Psychokurse herauszuholen (vgl. Gairing 1996).

Ein zukünftiges Ziel der Weiterbildungseinrichtungen von Organisationen wird in der individuellen Bedarfsanalyse, Weiterbildungsauswahl und anschließenden Transferbegleitung für den Einzelnen oder für ganze Gruppen bestehen (vgl. Bronner & Schröder 1983). Das ermöglicht einen gezielten, auch finanziell sinnvollen Einsatz im Sinne regelrechter Indikationen nach einer genauen Anamnese.

2.3.2 Die Teilnehmer – Motive, Erwartungen und neue Anforderungen

Seminarideen

„Ich suchte etwas, was nicht so oberflächlich kognitiv ist, wie viele Managementtrainings. Ziel war, sich selbst besser kennen zu lernen, Schwachstellen, Stärken und das dann auch bewusster einzusetzen und ich wollte eine offene Rückmeldung von anderen, das ist ja sonst im Leben nicht möglich. Außerdem hab' ich mich da auch gerade in einer privaten Umstrukturierung befunden und da ist das dann auch eingeflossen." (ein Teilnehmer)

„Ab einer bestimmten Position braucht man das Persönliche, da muss man sich über sich selbst Gedanken machen." (ein Teilnehmer)

„Es musste etwas sein, um Wandel erfolgreich zu meistern – Persönlichkeitsstrategien für zunehmenden gesellschaftlichen Wandel, Arbeitsplatzverlust, beruflichen Wandel." (ein Teilnehmer)

„Ich wollte wissen, wie die Westdeutschen denken, wie der Stand ist, was die überhaupt machen, um welche Probleme es geht und wie die angepackt werden." (ein Teilnehmer)

Die Zitate unserer Interviewpartner veranschaulichen, dass Erwartungen und Motivation der Seminarteilnehmer(innen) sehr eng mit sowohl größeren gesellschaftlichen und wirtschaftlichen Veränderungen als auch mit ganz persönlichen Aufgaben im Kontext von Familie, Freizeit und Beruf zusammenhängen. Dies ist unabhängig davon, ob der Teilnehmer vom Unternehmen geschickt wurde oder in eigener Initiative das Seminar auswählte. *„Ich habe zu meinem Chef gesagt, ich sei eine ‚gebildete Persönlichkeit'. Da sagt er, na das wollen wir doch erstmal sehen und hat mich zu diesem Kurs geschickt."* (ein Teilnehmer)

Erwartungen werden grundsätzlich von den Seminarankündigungen und den bekannt gegebenen inhaltlichen Schwerpunkten des Kurses bestimmt. Geht man insgesamt von den unterschiedlichsten Angeboten aus, so erkennt man, ähnlich einer Skala, an einem Ende rein fachliche Motivationen und am anderen Ende beinahe „pseudoreligiöse Heilserwartungen" (Hemminger 1996, S. 9). Letzteres freilich findet sich kaum im firmeninternen Kontext als vielmehr auf dem externen Markt für Erfolgs- und Psychokurse wieder. Dazwischen bewegen sich Ziele zu einer optimalen Arbeitsfähigkeit, zu höherer Effizienz im Alltag oder zu mehr Genussfähigkeit.

Ähnlich wie beim Unternehmen lassen sich auch für die einzelne Führungskraft verschiedene Faktoren differenzieren, die eine besondere Art von Belastung oder Anforderung darstellen und in vielen Fällen dem Besuch eines Persönlichkeitstrainings vorausgehen. Sowohl die bereits erwähnten wirtschaftlich-organisationellen Veränderungen als auch ganz individuelle Einflüsse (Familie, Freunde, das Selbst mit körperlichen, geistigen, seelischen Voraussetzungen...) stehen im Wechselspiel miteinander und begründen ein Bedingungsgefüge, welches letztlich nur für den Einzelfall differenzierbar ist.

Es sollen einige Faktoren dargestellt werden, die aus den verschiedenen Lebensbereichen der Führungskraft erwachsen und in der Literatur häufig als Problemfelder dargestellt werden. In verschiedenen Fällen sind sie Grundlage der Erwartungen und Motivation für diese Kurse (vgl. Abbildung 6).

Wirtschaftlich-organisationelle Veränderungen: neue Anforderungen und Rollen

In engem Zusammenhang mit den grundlegenden Veränderungen für Unternehmen stehen eine Reihe von neuen Anforderungen für Führungskräfte. „Insgesamt wandelt sich die Rolle des Managers vom Macher hin zum Rahmen- und Prozessgestalter, der Entwicklungsvoraussetzungen optimiert, zum Unternehmer, der Kreativität und Innovation anregt und zum Coach, der persönliche Unterstützung und Beratung anbietet" (Götz 1997, S. 53).

Ohne zusätzliche Schulung oder Beratung werden diese Aufgaben mit dem Rüstzeug bewältigt, das jeder bereits von Jugend an und später im Berufsleben erworben hat. Tatsächlich können viele Eigenschaften durch Vorbildlernen, Versuch-Irrtum-Lernen und nicht zuletzt durch Erfolg entwickelt werden, dass heißt, Weiterentwicklung wird natürlich angeregt. Viele Fähigkeiten, wie zum Beispiel Kommunikation oder Konfliktbewältigung können aber optimiert werden - oder müssen sogar, wenn alte Muster nicht mehr situationsangepasst sind, neu erworben werden. *„Der Führungsstil hat sich verändert, wir leben nicht mehr im Jahr 1960, sondern fast im Jahr 2000, da muss man schon mal sehen, was falsch ist oder welche neuen Techniken es gibt."* (ein Teilnehmer)

Eine Untersuchung von Weber (1986) über das Persönlichkeitsprofil des „Managers von heute und morgen" (basierend auf Umfrageaussagen von 170 Personal- und Weiterbildungsleitern, sowie Personalberatern und Trainern) verdeutlicht, dass gerade so genannte soft skills wie Entscheidungsfähigkeit, Kommunikations- und Kooperationsfähigkeit, Flexibilität, ja die Persönlichkeit generell zukünftig mehr gefordert sein werden (vgl. Abbildung 4).

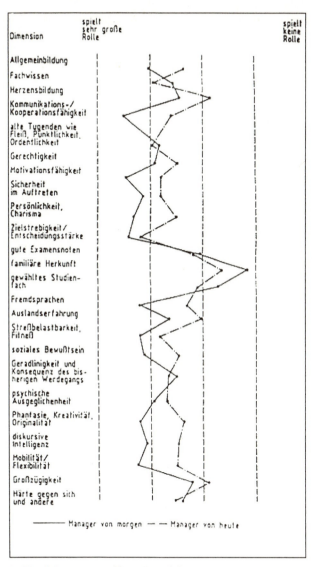

Abbildung 4: Das Managerprofil im Wandel

Der Manager soll menschlicher werden und Gefühle zeigen – der Markt und die Konkurrenz hingegen werden härter. Bis in höhere Führungsetagen hinein entstehen Verunsicherung beim Einzelnen sowie Angst vor Prestige- oder

Machtverlust (Gross 1997). Angst bleibt dabei kein psychologisches Problem, sondern kann durchaus ökonomische Auswirkungen für das Unternehmen in Form von psychosomatisch bedingten Krankheitsausfällen und Burnout-Problematiken haben. Angst kann auch in Form von Widerständen Veränderungen blockieren (vgl. Gusy & Kleiber 1997, Pause & Stegmann 1996).

Mit der Erweiterung des Rollenspektrums des Managers werden die Rollen komplexer, gleichzeitig diffuser und damit schwerer erfüllbar, da auch Anforderungen schlechter nachvollziehbar sind. Rollen, Funktionen und Position verbindet auch Hofstetter (1988) in den von ihm definierten Konfliktebenen der Arbeitswelt (Abbildung 5):

in Anlehnung an: Hofstetter 1988, S. 7 ff.

Abbildung 5: Konfliktebenen der Arbeitswelt

Der Rollenklarheit geht oftmals Zielklarheit voraus. Witte (1981) konnte zeigen, dass die Zufriedenheit der Führungskräfte enorm steigt, wenn eine Zielklarheit im Unternehmen vorliegt. Mitarbeiter wünschen sich unter anderem von ihrem Chef: „Er soll mir sagen, von welchen Grundsätzen er sich leiten lässt" und „Er soll mehr Zeit für mich haben und mir besser zuhören" (vgl. Barrois 1994, S. 325). Kommunikation wird zum zentralen Element. Visionen, Unternehmenskultur und Sinnvermittlung wurden bereits als wesentlich für erfolgreiches Change Management erwähnt. Bedeutet dies Abschied nehmen von „blindwütigem Aktionismus" (ManagerSeminare 1/1998), um über erlebte Produktivität und Sinn der Arbeit die Zufriedenheit der Mitarbeiter zu erhöhen?

Doch nicht nur die Komplexität und häufig auch die Widersprüchlichkeit der Rolle als Vorgesetzte(r)[4] gelten als schwierig, sondern die Vorgesetztenrolle selbst scheint (siehe Tabelle 1) nicht unbedingt erstrebenswert. Einschätzungen zur Sympathie verschiedener Rollen bei weiblichen und männlichen Führungskräften (INPUT/basis research 1988, zit. nach Streich 1997b, S. 121) zeigen, dass die Vorgesetztenrolle von den Männern und noch stärker von Frauen im Vergleich zu anderen Rollen am unsympathischsten eingeschätzt wird.

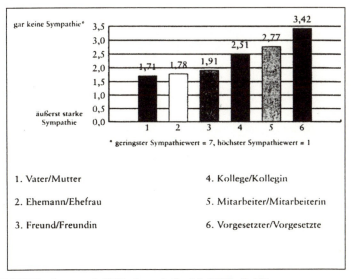

1. Vater/Mutter
2. Ehemann/Ehefrau
3. Freund/Freundin
4. Kollege/Kollegin
5. Mitarbeiter/Mitarbeiterin
6. Vorgesetzter/Vorgesetzte

Quelle: INPUT/basis research 1988, zit. nach Streich 1997b, S. 121

Tabelle 1: Rollensympathie

Offenbar beinhaltet die Tätigkeit als Vorgesetzter recht häufig unangenehme Seiten.[5] Aber wo erfolgt der Ausgleich für die Führungskraft? Können das Familien, Freunde und Freizeitaktivitäten leisten?

---

4   Eine eindrucksvolle Schilderung dazu bietet Neuberger (1985, S. 91) mit seinem Artikel „Rollendilemmata der Führung".

5   Leider geht nicht daraus hervor, welche Faktoren die geringe Sympathie ausmachen und ebenso könnte es sein, dass gerade den Führungskräften ihre umfangreichste tägliche Rolle mit allen Seiten, damit vor allem auch den negativen, stärker im Gedächtnis haftet als eine Vater- oder Mutterrolle und letztere damit eher zum Wunschdenken in eine „schöne" Rolle gehört.

Vor dem Hintergrund schnelllebiger und komplexer Veränderungen wird Handeln unter Unsicherheit fast zur einzigen Konstante. Viele Menschen empfinden das als Zeitdruck, ohne vielleicht zu merken, dass ständiges Machen nur gewissermaßen eine Flucht nach vorne ist, weil der Überblick fehlt und die Ambiguität groß ist (vgl. Heintel 1995). In stabilen Umwelten ist Aufgabenorientierung durchaus ein nützlicher Schwerpunkt, in einem turbulenten Umfeld muss man allerdings vermehrt auf Beziehungen achten, da neue Problemlösungen auch ein hohes Maß an Vertrauen und Kommunikation benötigen.

An diesen Punkten entsteht bei Führungskräften häufig die Motivation, Persönlichkeitstrainings zu besuchen. Angeregt durch neue berufliche Aufgaben oder Karrierekonflikte will man sich generell mit sich selbst, dem eigenen Leben und den eigenen Beziehungsmustern auseinandersetzen. Auf dieser Basis können eigene Standpunkte klarer gesehen werden, die Führungskraft wird wieder gezielter reaktionsfähig. Im Berufsalltag sowie ebenso häufig im Privatleben fehlt bei steigenden Anforderungen oftmals einfach die Zeit und die notwendige Ruhe, sich mit der eigenen Person auseinanderzusetzen. Die psychische Energie dient dann vorrangig der alltäglichen Handlungskontrolle anstatt der Beschäftigung mit sich selbst, mit Beziehungen oder mit Kommunikationsstrukturen. *„Es ist wichtig, die Arbeit an einem selbst, da kommt man ja sonst gar nicht dazu und man hinterfragt die Dinge nicht."* (Ein(e) Teilnehmer(in))

Schnittstellen zwischen Beruf, Familie und Freizeit

Andere Erwartungen an die Kurse begründen sich auf Anforderungen und Aufgaben, die jeder Mensch und im speziellen Führungskräfte im Bermudadreieck von Beruf / Familie / Freizeit zu bewältigen haben.

Eine Erhebung zur Manager-Arbeitszeit in Deutschland und acht anderen europäischen Ländern erbrachte eindeutige Spitzenwerte für die Deutschen mit 60 bis 70 Stunden bei 40 % der befragten Manager (Die Welt 10/1997). Vergleicht man dazu weitere Ergebnisse der bereits erwähnten Studie von Witte (1981) mit 2490 befragten Führungskräften, in der diese beispielsweise angaben, dass ihr Privatleben bei einer Arbeitszeit von durchschnittlich 57 Stunden stark darunter leide, ist leicht vorstellbar, dass es zu Dissonanzen in der Ehe oder der Partnerschaft kommen kann.

Noch gravierender zeigt sich die zeitliche Arbeitsbelastung bei so genannten Dual Career Couples. Man spricht dabei häufig von Spill-over-Effekten, das heisst, Arbeitseffekte werden auf das Privatleben übertragen, sowohl was die

Zeitverteilung angeht, aber auch Verhaltensweisen und Stressfaktoren (vgl. Streich 1997a). „Männer sehen die Schwierigkeit, die im Beruf geforderten Eigenschaften in ihrem Privatleben abzustreifen, also insbesondere der Übergang vom Führungsstil und der beruflichen Sachlichkeit zu der im Familienleben geforderten Freundlichkeit, Empathie und Emotionalität" (Streich 1997c, S. 233). Frauen hingegen separieren weniger zwischen Beruf und Familie. So werden Anforderungen aus beiden Bereichen gleich wahrgenommen - dies erschwert jedoch ihre Problemlösung (Streich 1997d). Zu gleicher Zeit ein Optimum leisten zu wollen, mündet bei ihnen häufig in Gewissensbissen.

Dennoch darf nicht vergessen werden, dass ein erfolgreiches Berufsleben durchaus viele positive Auswirkungen auf den privaten Bereich haben kann, zum Beispiel im Sinne von Selbstbewusstsein, Zufriedenheit und materieller Sicherheit. Bei Manager-Ehen muss relativiert werden, was für Normal-Ehen gilt, nämlich dass der wichtigste Faktor der globalen Lebenszufriedenheit die Familienzufriedenheit ist (Streich 1997b, S. 257 ff.). Im Zuge der Individualisierung der Gesellschaft werden vor allem von erfolgreichen Karrieristen zunehmend andere Maßstäbe gesetzt. Dies belegen auch die Aussagen unserer Interviewpartner, bei denen sowohl Frauen als auch Männer angaben, dass zwar der Beruf zulasten der Familie gehe, sich Karriere aber dennoch lohne. Darüber hinaus zeigt eine Studie einer internationalen Unternehmensberatung unter zweitausend europäischen Führungskräften, dass die Mehrheit der Führungskräfte ihre Persönlichkeit über den Beruf definiert: 63 % stufen ihre Karriere als äußerst wichtig oder sehr wichtig ein, die Familie rangiert mit 33 % auf Platz zwei (Die Welt 3/1998).

Aus den Gesprächen ergab sich der Schluss, dass der eigentliche Bedarf innerhalb der Kurse in puncto Schnittstellen von Beruf, Familie und Freizeit weniger an einer objektiv zeitlichen oder qualitativ hohen Belastung liegt, sondern eher in subjektiven, latenten Konfusionen zwischen den Bereichen begründet ist. Ziel ist, sich klar zu werden über die Bedeutsamkeit eigener Rollen im Zuge der Auflösung klassischer Rollenverteilungen starker Mann / schwacher Frau. Weitere Fragen sind, ob das persönliche Lebensziel mit dem Partner vereinbar ist, wie bestimmte Konflikte gemeinsam gelöst werden können oder wie der Drahtseilakt zwischen Intimität und Unabhängigkeit in der Partnerschaft bewältigt werden kann.

Persönliche Faktoren

Persönlichkeit wird durch zahlreiche Faktoren determiniert. Es soll lediglich darauf hingewiesen werden, dass der Teilnehmer mit seinen ganz individuellen Besonderheiten des Erlebens und Verhaltens in das Seminar kommt. Einflüsse auf die Erwartungen des Einzelnen erwachsen zwangsläufig auch aus ganz individuellen Faktoren wie Entwicklungsgeschichte, Lernstrategie, Veränderungswiderständen oder aktuellen Lebenskontexten, in denen er sich bewegt.

Inwieweit bestimmte Persönlichkeitsmerkmale einen Bedarf, die Kurse zu besuchen, generieren oder inwieweit sie Einfluss auf die Auswirkungen dieser Kurse haben, lässt sich schwer abschätzen. Einem ersten Versuch soll dabei die Erfassung einiger Persönlichkeitsmerkmale innerhalb des Fragebogens für die empirische Erhebung dienen.

Gesellschaftliche Veränderungen (Wiedervereinigung Deutschlands; Wertewandel; Individualisierung, etc.)	**Wirtschaftlicher Wandel** (wachsende Dynamik und Komplexität; Forderungen nach Flexibilität und Innovation)	**Organisationeller Wandel** (neue Arbeitsstrukturen; veränderte Arbeitsanforderungen; komplexe Management Skills, Rollenflexibilität; veränderte Führbarkeit und Werte der Mitarbeiter, etc.)
Einfluss individueller Erfahrungen, Lernprozesse, Entwicklungsumwelten	**Persönliche Ansprüche** und **Entwicklungsziele** **Individuelle Problembereiche** (körperlich, geistig, seelische Voraussetzungen, Persönlichkeitseigenschaften; Beziehungsmuster, etc.)	**Familie; Partnerschaft, Freunde; Freizeit** (Rollenvielfalt; Spill-over-Effekte zwischen Beruf und Privatem)

ERWARTUNGEN			
Berufliche und fachliche Kompetenzen erweitern	Persönliche Weiterentwicklung und *Reflexion bzw. Standortbestimmung*	Krisenmanagement und Problembewältigung	Neugier, *Neues kennenlernen und entdecken*

Abbildung 6: Teilnehmererwartungen vor dem Hintergrund kontextueller und persönlicher Einflüsse

Motive und Erwartungen

Im Rahmen der durchgeführten Telefonaktion zur Voruntersuchung gaben 72 % der Teilnehmer an, einen konkreten Anlass in ihrem Leben für den Seminarbesuch gehabt zu haben. Berufliche Umstrukturierungen oder Neuorientierung spielten dabei ebenso eine Rolle wie private Beziehungsprobleme oder persönliche Krisen. Natürlich begründete sich der Seminarbesuch in den seltensten Fällen nur auf einem speziellen Ziel oder Motivationsgrund. Die meisten Teilnehmer kamen mit einer Art Mischmotivation. Diese blieb häufig eher unklar, vor allem dann, wenn es das erste Seminar eine Maßnahme zur Persönlichkeitsentwicklung war. Wiederholer konnten hingegen oft einschätzen, was auf sie zukommen wird und gingen dann mit konkreteren Vorstellungen zu den Kursen.

Vier wesentliche Erwartungsrichtungen kristallisierten sich durch die Gespräche heraus:

1. gezielt berufliche Kompetenzen erweitern (Teamtraining, Führungsaufgaben, häufig auch Unternehmenserwartungen ....),

2. persönliche Weiterentwicklung und persönliche Reflexion (Standortbestimmung, Sinn- und Ethik-Fragen, beruflich-private Veränderungen),

3. Krisenmanagement, Problembewältigung *(„einen Crashkurs für Motivationsenergie"; „dass ich mehr innere Ruhe finde") (ein Teilnehmer)* und

4. Neues kennen lernen, Austausch mit anderen, Spaß haben, In-sein.

Die Erwartungen waren von großer Offenheit und Neugier geprägt. Häufig wurde auch erst im Verlauf der Interviews deutlich, dass vor allem der private Bereich eine latente Rolle spielte, nur sprach man da nicht so gerne darüber. Was dem hintergründigen Bedarf dieser Motive und Erwartungen entspricht, muss an dieser Stelle spekulativ bleiben. Ein Klärungs- und Wachstumsbedarf *(„Ich wollte wissen, wo will ich hin, wo bin ich jetzt und wo war ich")* überwog dem Bewältigungsbedarf *(„Ich hatte keine Erwartungen, ich hatte ein Problem")*. Dieses Ergebnis wäre zukünftig im Zusammenhang mit dem mittleren Alter der Teilnehmer zu prüfen, denn die Lebensmitte gibt häufig Anlass, das Leben ein erstes Mal rückblickend zu reflektieren. Mit Blick auf das, was man schon erreicht hat oder was noch immer Wunschtraum ist, manifestiert sich in diesem Alter oft die Frage nach Sinn und Orientierung.

• Neugier	74 %
• Persönliches Wachstum	63 %
• Erweiterung beruflicher Kompetenzen	32 %
• Klärung von Fragen zu Sinn und Ethik des beruflichen Erfolges	32 %
• Klärung von Fragen zu privaten Beziehungen	32 %
• Keinerlei Erwartungen	21 %
• Teambildung/Teamtraining	16 %
• Besserung psychisches Befinden	5 %

Tabelle 2: „*Welche konkreten Erwartungen hatten Sie an das Seminar/-Training?*" *(Teilnehmerangaben aus der Voruntersuchung, Mehrfachantworten waren möglich)*

Einen Unterschied der Motive, unabhängig vom Alter, ergab der Vergleich zwischen Teilnehmern der alten und der neuen Bundesländer. Während es den ostdeutschen Führungskräften eher um neue Techniken, Umgangsformen, Etikette, effektivere Arbeitsgestaltung ging, standen bei westdeutschen Führungskräften unter anderem Fragen nach dem Sinn des Erfolges und der Klärung von Lebenszielen im Vordergrund. In der Literatur gibt es dafür bisher keinerlei Hinweise, hier wären weitere Untersuchungen notwendig. „*Gerade im Verkauf hatten die Westdeutschen ja eine Terminologie, die man nicht kannte, und wenn man so ein / zwei Seminare mitgemacht hatte, wusste man, wie die sich ausdrükken, und das macht sicher.*" (ein Teilnehmer)

2.3.3 Zusammenfassung und Schlussfolgerungen

Unternehmen müssen auf wachsende Komplexität, Vernetzung der Vorgänge und steigende Dynamik bei gleichzeitig knapper werdenden Ressourcen reagieren. Damit entstehen auch für Führungskräfte und Mitarbeiter berufliche Anforderungen mit neuen Schwerpunkten hinsichtlich Kommunikation, Kooperation oder selbstständigem entscheidungssicherem Handeln bei gleichzeitigem Risiko. Persönlichkeitsorientierte Interventionen ermöglichen als Führungstraining, im Rahmen der Ausbildung oder privat für den Einzelnen, diesen Anforderungen besser gerecht zu werden und das eigene Handeln zu optimieren.

Die Angebote von Persönlichkeitstrainings gehen weit über die klassischen Themen wie Kommunikation, Teamarbeit und Führung hinaus. Selbstbewusstsein und Lebenserfüllung oder Ayurveda für den Unternehmenserfolg verkünden Werbeprospekte. Daraus ergeben sich zumindest zwei Fragen: Arbeiten die Anbieter an den Erwartungen und Bedürfnissen der Teilnehmer vorbei? Liegt der eigentliche Bedarf vielleicht noch ganz woanders?

Zumindest der Verdacht liegt nahe, dass neben objektiv begründbaren Anforderungen aus dem Beruf oder Problemen innerhalb privater Beziehungen ein Bedarf an Orientierung und einfachen Erklärungsmustern vorhanden ist. Keine technologisch ausgeklügelten Systeme sind gefragt, sondern vielleicht die Suche nach ein wenig Lebensweisheit und Handlungszuversicht auf dem Weg zum Erfolg (vgl. Hemminger 1996). Gepaart mit Neugier und Offenheit gegenüber ungewöhnlichen, alternativen Methoden mit spirituellen oder fernöstlichen Schwerpunkten würde dies bedeuten, dass Erwartungen an Persönlichkeitstrainings auch von Sinnstiftung, Lebensorientierung und Unterhaltung geprägt sind.

Durch diese Überlegungen ist die Idee entstanden, in der schriftlichen Befragung genauer nachzufragen, was der Einzelne aus den Seminaren für sich mitnimmt. Bereits in den Interviews deuteten sich kleine Lebensweisheiten und Handlungsvorschriften als wichtige Botschaften an, die vom Teilnehmer aufgenommen wurden. Beispiele dafür sind *„Sei hundertprozentig selbstverantwortlich!"* Oder *„Ich liebe meine Bedürfnisse und ich tue es für mich!"*

2.4 Was wollen Persönlichkeitstrainings leisten?

Vom Selbstverständnis der Anbieter

„Die Mitarbeiter sollen glücklich und im Lot sein, ich bin dabei Katalysator, das heißt, wie ein Bergführer, der sie zwar am Seil hat, aber gehen müssen sie selbst." (ein Anbieter)

„Ich bin ein Exot. Mein Chef ist der liebe Gott und ich bin sein Mitarbeiter." (ein Anbieter)

„Bin eine Art Geburtshelfer, ich will denen helfen, Dinge selbst zu erkennen." (ein Anbieter)

„Ich bin energisch scharf wie eine Rotlichtlampe, selbst wenn die eine Sonnenbrille aufhaben und denken, der kann mich mal, ich bewege trotzdem etwas, die können gar nicht blocken, denn im Unterbewusstsein fängt es an zu arbeiten, auch wenn das Bewusstsein blockt." (ein Anbieter)

2.4.1 Überblick

Rund 1300 Bildungseinrichtungen in Deutschland sind im Bereich Persönlichkeitstraining tätig. Anbieter prophezeien dem Thema Persönlichkeitsentwicklung zukünftig hohe Wachstumsraten (Graf & Bußmann 1996). Firmen geben rund 30 Milliarden Mark pro Jahr für persönlichkeitsorientierte Maßnahmen aus (Focus 23/1997, S. 138–139) und greifen dafür besonders auf externe Veranstalter zurück. Der Trend zu firmeninternen Maßnahmen und maßgeschneiderten Inhouse-Seminaren ist zwar stark steigend, dennoch sind bisher für diesen Bereich die externen Marktangebote repräsentativ. Dabei sind 66 % der untersuchten Weiterbildungsanbieter nach wie vor Kleinanbieter mit wenigen festen Mitarbeitern bzw. Einzelkämpfer.

Wesentlich ist, dass der Markt für betriebliche Fortbildungen und für private Erfolgstrainings nicht getrennt ist (vgl. Hemminger 1996, S. 9), lediglich der Schwerpunkt für die Kundengewinnung liegt bei vielen Anbietern bevorzugt bei Unternehmen oder Einzelpersonen. Aus der Voruntersuchung geht hervor, dass zwar 60 % der Teilnehmer(innen) den Kurs auf Anraten des Unternehmens besuchten und die Firma dort auch die Kosten trägt, die Veranstaltung selbst jedoch in 50 % der Fälle eine offene Veranstaltung, das heißt, für Einzelpersonen konzipiert war.

Ein Überblick über den Weiterbildungsmarkt gestaltet sich eher schwierig, hervorgerufen durch die Menge der Anbieter, die Intransparenz und die hohe Dynamik dieses Marktes. Der Unterschied dessen, was theoretisch in der Literatur zu Persönlichkeitstrainings geschrieben wird und dem, was einem in Seminarangeboten und Gesprächen mit Anbietern begegnet, ist groß.

> Schaut man durch die Brille wohlstrukturierter Ablaufschemata und Kästchen-Diagramme betriebswirtschaftlicher Personalentwicklungs-Lehrbücher auf das, was auf dem Weiterbildungsmarkt tatsächlich vor sich geht, muss einem angesichts der Blüten, die hier treiben, geradezu schwindlig werden. Bioenergetik, afrikanisches Trommeln, Derwischtanz, (...) und Schamanismus sind nur einige Veranstaltungsthemen, die der PE bisweilen den Flair eines Kuriositätenkabinetts verleihen und die berechtigte Frage aufwerfen, welches Bildungskonzept (...) eigentlich hinter dem vielfältigen Angebot steht. (Stern 52/1992, S. 80–88).

Damit soll nicht die Wirksamkeit alternativer Angebote bewertet, sondern vor allem die Lücke zwischen Forschung und Anwendung dargestellt werden. Veröffentlichungen einzelner Unternehmen wie auch die Ergebnisse unserer Teilnehmerinterviews weisen darauf hin, dass die Anwendungshäufigkeit dieser Verfahren steigt und unter anderem die Beschäftigung mit Meditation, Spiritualität auf professioneller Grundlage Wege zu Innovation und neuen Horizonten ebnen kann (vgl. Götz & Philipp 1993, Schettgen 1996, Ulsamer 1994).

Zunächst erscheint es daher wesentlich, in einer phänomenologischen Art und Weise Daten und Aussagen durchgeführter Anbieterinterviews vorzustellen, und damit zu zeigen, was einerseits Anbieter ihrer Arbeit zu Grunde legen und womit andererseits Teilnehmer konfrontiert werden.

2.4.2 Ansätze

Inhalte und Ziele der Anbieter

Obwohl die Inhalte und Ziele der Anbieter nicht in ihrer ganzen Breite erfasst werden können, lassen sich in Ansätzen verschiedene Richtungen erkennen, die die Inhalte der Anbieter prägen:

- Schwerpunkt auf dem humanistischen Ansatz: „Sei selbstverantwortlich und nicht Opfer deiner Umwelt, sondern gestalte sie selbst". Anwendung zahlreicher Selbsterfahrungs- und Selbstfindungstechniken.

„Der Leidensdruck heute entsteht vor allem durch Komplexität, mangelnde Kontrolle, Unberechenbarkeit und das alles gleichzeitig– da ist die Sicherheit weg. Es geht darum zu erkennen, dass die Möglichkeit darin liegt, Kraft und Sicherheit in sich selbst zu finden. Aber da gehört Bereitschaft und ein innerer Schritt dazu." (ein Anbieter)

- Schwerpunkt auf der Vermittlung einzelner Fähigkeiten oder Techniken, gezielte Verknüpfung mit beruflichen Themen. Arbeit an konkreten beruflichen Problemen (manchmal auch unter dem Motto „Leistungspsychologie")

„Es geht darum, persönliche Kompetenzen zu erweitern, an der Vorbildfunktion der Führungskraft zu arbeiten, eigene Leistungen entfalten zu können und das in ganzheitlicher Art und Weise, bezogen auf Körper, Geist und Seele sowie die Reflexion verschiedener Rollen in sozialen Netzwerken." (ein Anbieter)

- parawissenschaftliche Ansätze mit esoterisch-spirituellen Schwerpunkten wie Telepathie, Radionik oder Reinkarnation.

„Ich versuche denen eine generalistischere Einstellung, weg von dem Panzerschlitz, durch den sie die Welt sehen, zu verschaffen, und dass sie ihre ureigenste Aufgabe auf der Welt entdecken. Zum Beispiel nutze ich Radionik, eine jahrhundertealte Disziplin und letztlich ist es so eine Art Analysevehikel. Ich messe alles, was die Person betrifft und aus der Deutung der Werte ergeben sich spezielle Themen, beispielsweise Beziehungsprobleme oder körperliche Störungen und auf Grund dessen erstelle ich dann Übungen und Coachingprogramme." (ein Anbieter)

Häufig werden verschiedene Ansätze und Gestaltungsmethoden vermischt. Die obige Darstellung stellt lediglich einige wenige, aber besonders präsente Richtungen dar. Untersuchungen des Anbietermarktes werden momentan eher unter dem Blickwinkel Qualitätsmanagement geführt, und gehen weniger auf inhaltliche Arbeitsschwerpunkte als vielmehr auf Qualitätssicherung von Trainerausbildung, Seminarmaterialien, Rahmenbedingungen oder Kosten-Leistungsschwerpunkte ein (vgl. Dicke 1995, Kayser 1992, Ministerium für Wirtschaft 1990). Zu Recht wird dabei kritisiert, dass dabei meist nicht die Qualität der Weiterbildung, sondern die der eingesetzten Produktform beurteilt wird – beschränkt man sich also auf die Güte des Dozenten nach Ausbildung und Laufbahn, weiß man noch nicht, wie er tatsächlich doziert.

Angewandte Methoden

Die verwendeten Methoden innerhalb der Seminare folgen in den seltensten Fällen einer einzigen Schule oder theoretischen Richtung. Oft findet sich, wie bereits erwähnt, eine Mischung aus verschiedenen Herangehensweisen und Gestaltungsformen, lediglich mit Schwerpunkt auf bestimmte Richtungen.

Aus den Telefoninterviews der Voruntersuchung wurde deutlich, dass Methoden verwendet werden, die Selbsterfahrung, gruppendynamische Erfahrungen oder Körpererfahrungen[6] fördern. Klassische didaktische Mittel wie Vorträge oder Referate nahmen jeweils nur kleine oder gar keine Anteile ein. Auch die in der Personalentwicklungsliteratur zu findenden Methoden wie unter anderem Interaktionstraining, Simulationen, Fallspiele, Beobachtungslernen (vgl. von Rosenstiel 1992) wurden in unserer Stichprobe nicht in dieser Form angewandt.

---

6 Zur Merkmalsbeschreibung einzelner Methoden sei an dieser Stelle auf weiterführende Literatur und das Summary am Ende dieses Buches hingewiesen (vgl. Comelli 1985, Federspiel & Lackinger-Karger 1996, Hoffmann & Streich 1994, Neuberger 1991).

Lediglich gruppendynamische Trainingsformen wurden ausgenommen. Erleben und Erfahren der eigenen Person innerhalb bestimmter Situationen stehen im Vordergrund, um im Gegensatz zu fachlicher Wissensvermittlung auch gezielt affektive Bereiche anzusprechen. In vielen Fällen werden die Verhaltenserfahrungen durch praktisches Üben erweitert, um damit auch aktionale Bereiche und Voraussetzungen für den Transfer mit einzubeziehen. Deutlich geringerer Wert wird der rein kognitiven Vermittlung von Wissen beigemessen.

Dabei verschwimmt die Grenze zwischen therapeutischer Arbeit und Fortbildung in vielen Fällen und erfordert deshalb eine sorgsame und kompetente Durchführung. In der Psychotherapieszene sind seit den 70er-Jahren auch Einflüsse aus dem spirituellen oder fernöstlichen Bereich zu erkennen. Die Anwendung dieser Verfahren ist Punkt vieler Diskussionen. So schreibt Hemminger (1996, S. 10) in einer kritischen Analyse von ‚Erfolgstechniken und Psychokurse der Wirtschaft': „Dass karriereorientierte Personen in einem Erfolgsglauben Sinn und Lebensorientierung suchen und dass man ihnen dafür sogar esoterische und pseudoreligöse Angebote plausibel machen kann, ist bemerkenswert". Dabei geht es häufig gar nicht um Erfolgsstrategien, sondern einfachum Grenzerfahrungen oder Zugang zur inneren Stimme.

Anbieter antworten auf die Frage nach dem zunehmenden Interesse an eher unkonventionellen oder alternativen Verfahren auf dem Weiterbildungsmarkt beispielsweise Folgendes:

> „Natürlich ist es erstens eine Modeerscheinung, was neu ist, ist gut, und zweitens sprechen sie Dinge an, die vernachlässigt wurden und werden. Die Menschen spüren, dass sie glücklicher sein könnten, da ist eine Sehnsucht nach einem Lebensziel, nach innerer Zufriedenheit, das Materielle war einfach überbetont. Die konventionellen Methoden führen in eine Sackgasse, sie sind auf den Intellekt beschränkt. Nur wenn wir Herz <u>und</u> Verstand einsetzen, wird es positiv." (ein Anbieter)

Werte und Erfolgsglauben der Anbieter

Werte prägen in vielfältiger Weise unser Erleben und Verhalten. Das Werten an sich gehört fast zu einem alltäglichen Vorgang, wenn man die eigenen Orientierungen vergleicht mit denen der Gesellschaft, des Unternehmens, der Institution. Persönlichkeitstrainings regen Teilnehmer häufig dazu an, sich mit individuellen Werten und Weltanschauungen gezielter zu beschäftigen. Denkanstöße, die dabei seitens der Trainer gegeben werden, hängen in nicht geringem Maße mit deren eigenen Maßstäben und Einstellungen zusammen.

Auf die Frage an die Anbieter: „Welche Werte und Werthaltungen prägen Ihre Arbeit?" wurden zwei grundsätzliche Richtungen deutlich:

1. Werte, die die Gestaltung der Arbeit direkt betreffen (Mündigkeit, kein Seelenstriptease, kein Druck oder Zwang, persönliche Entscheidungsfreiheit, keine Kritik, keine Mission...) und

2. eine grundsätzliche Lebenseinstellung, die der Arbeit als Wert zu Grunde liegt (Ganzheitlichkeit, Selbstverantwortung und Klarheit mit sich selbst, Erfüllung der individuellen Lebensaufgabe, Kooperation und Gemeinschaftssinn, Liebe...).

Diese Aussagen erscheinen wichtig, da sie Hinweise geben, welche weltanschaulichen Einstellungen der Seminararbeit zu Grunde liegen und damit auch direkt oder indirekt vermittelt werden. Oft sind diese auch erkennbar, da sie unmittelbar an bestimmte Methoden gekoppelt sind (Tai Chi oder Joga beispielsweise an fernöstliche Religionen bzw. Philosophien). Andritzky (1997) findet jedoch, dass gerade in Deutschland viele der so genannten alternativen Methoden, insbesondere Körpertherapien, abgekoppelt vom religiösen Hintergrund bzw. der Herkunftskultur vermittelt und praktiziert werden.

Bedeutsamer für Persönlichkeitstrainings scheinen hier die Einstellungen der Anbieter zu Erfolg zu sein, geht es doch oft um die Vermittlung von so genannten Erfolgsstrategien. „Worin liegt nach Ihrer Meinung der Erfolg eines Menschen begründet bzw. was verhindert ihn?", wurden sie befragt. Antworten waren unter anderem:

- „Das Geheimnis des Erfolges liegt am Wissen um die eigene Wirkung und die Zusammenhänge auf höherer Ebene, das ist dann untrennbar mit dem Lebenssinn verbunden."

- „Was Erfolg ist, muss jeder für sich selbst beschreiben, aber es gibt Glaubenssätze, die den Erfolg verhindern."

- „Das Zauberwort heißt Passung. Der Mensch muss den Mut haben herauszufinden, was für ihn passt, nicht was er normalerweise tun soll. Das heißt, einerseits erkennen, welche Bedürfnisse da sind und andererseits was einem optimal bekommt – wie bei einem guten Essen, da mag ich zwar vieles unwahrscheinlich, weiß aber schon vorneweg, dass es mir eigentlich nicht bekommen wird."

Für die Auswirkungen von Persönlichkeitstrainings können Werte von großer Bedeutung sein, wenn vermittelte und daraufhin von den Teilnehmern übernommene Einstellungen im Konflikt zu Unternehmens- oder Familienkulturen stehen *("80 % meiner Teilnehmer kündigen im Anschluss ihren Job", so die Aussage eines Anbieters)*. Angestrebte positive Veränderungen werden dann plötzlich zum Konfliktthema der Teilnehmer mit ihrer Umwelt.

Modelle

Die bisher dargestellten Daten weisen auf ein sehr breites Spektrum der Arbeit an der Persönlichkeit bzw. der Vermittlung von Managementfähigkeiten (managerial skills) hin. Finden sich für diese praktischen Ansätze auch Äquivalente in theoretischen Modellen der Managementweiterbildung?

Die Lehr- und Lernansätze der Weiterbildung folgen generell einer Tendenz weg von reinem Erlernen und Beherrschen verschiedener Fähigkeiten (skill mastery) hin zu situationsgerechter Erfahrung und effektiver Anwendung (skillfulness). Jeder einzelne Ansatz verknüpft dabei unterschiedliche Lernziele sowie den Einsatz verschiedener Methoden und Herangehensweisen (Bigelow 1991, S. 241).

Die beiden nun dargestellten Modelle stellen gewissermaßen gegensätzliche Eckpunkte so genannter skill programs, also von Lernprogramme für bestimmte Fähig- und Fertigkeiten dar. Sie sollen vorgestellt werden, da sich diese Ansätze sehr gut auf die Problematik der Persönlichkeitsentwicklung übertragen lassen und anhand theoretischer Überlegungen den oben gezeigten Trend der Anbieterarbeit widerspiegeln.

Skill-specific model (first-order, transactional skills development)

Dieses Modell stellt zunächst den traditionellen kognitiven Ansatz zur Vermittlung von Managementfähigkeiten dar, angewandt seit den frühen 60er-Jahren. „Skills are learned singly through case analyses, role play practice and practice assignments" (Bigelow 1991, S. 241). Es geht um die Entwicklung spezifischer Fähigkeiten wie beispielsweise Motivationsfähigkeit, Entscheidungs- und Planungsfähigkeiten mithilfe traditioneller Lernmethoden (Beobachtungslernen, Vorträge oder Diskussionen, etc.) und Lernmitteln (Video, Rollenspiele, etc.).

Lernziel:	Annahme:
Erhalt und Ausbau bestehender Paradigmen und des Status Quo	Stabile vorhersagbare Umwelt

Der Ansatz wurde verschieden variiert, beispielsweise unter dem Label affective learning oder competency based learning. Deutschsprachige Literatur unterscheidet in ähnlicher Weise in inhaltsorientierte (Video, Vortrag) und prozessorientierte Herangehensweisen (Rollenspiele, gruppendynamisches Training), die eine Aktivierung der Teilnehmer auf unterschiedlichen Ebenen (Kognition, Emotion, Handeln) zur Folge haben und dementsprechend differenziert geeignet sind für die Vermittlung von sozialen Kompetenzen oder Fachkompetenzen (vgl. von Rosenstiel 1992).

Kritiker des first-order-Ansatzes gehen von einer Lücke zwischen Fähigkeitsaneignung und deren Anwendung aus. „The basic trust was quick-fix influence techniques, power strategies, communication skills and positive attitudes" (Covey 1989, S. 19). Die Fertigkeiten würden zwar rein theoretisch beherrscht, aber nicht effektiv angewendet, da die internen Theorien und Einstellungen des Individuums (auch als Paradigmen bezeichnet) diese oft verhindern beziehungsweise eine flexible Anwendung nicht zulassen. An diesen Punkten versucht das folgende Modell anzusetzen.

Transformational model (second-order, transformational skills development)

Der Ansatz wird erst seit einigen wenigen Jahren in der Managementweiterbildung verwandt und setzt vor allem auf die Ausbildung dynamisch flexibler Fähigkeiten des Einzelnen, um sich damit an verändernde Umweltsituationen anpassen zu können. Grundlage dafür ist ein Prozess des Empowerments, der grundlegenden Befähigung und Bestärkung und des Paradigmenwechsels (Bigelow 1991).

Lernziel:	Annahme:
Paradigmenwechsel innerhalb des Individuums, um für sich selbst und die Organisation Verantwortung zu übernehmen und Veränderungen zu initiieren.	unsichere, komplexe, ambigue Umwelt
Wandel erfolgreich zu steuern, setzt die Auseinandersetzung mit der eigenen Person voraus.	

Ausgangspunkt der Theorie von Quinn, Sendelbach und Spreitzer (1991) sind eine Art Metaprogramme oder Paradigmen (second-order), die unsere Wahrnehmung der Realität sowie Handlungsstrategien steuern. Sie bieten einerseits Orientierung und Hilfe, die Welt zu verstehen, können aber andererseits Wahrnehmungs- und Reaktionsfähigkeit einschränken (psychologische Barrieren wie Furcht vor Inkompetenz, Kontrollverlust oder geringes Selbstvertrauen). Das second-order Modell favorisiert

1. andere Sichtweisen von der Welt (neue Brillen), damit
2. andere Einstellungen,
3. andere Handlungsmöglichkeiten, die möglich werden, damit letztlich ein
4. Paradigmenwechsel entsteht (vgl. Abbildung 7).

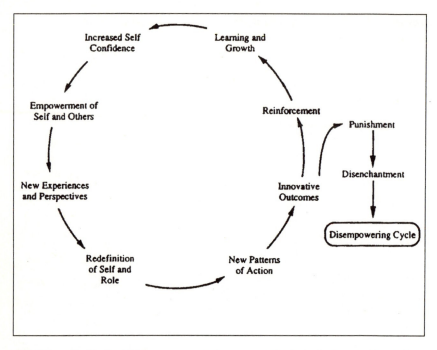

Abbildung 7: Cycle of Empowerment (Quinn, Sendelbach & Spreitzer 1991, S. 236)

Ziel dabei ist es, generelle Konzepte und Prinzipien zu vermitteln, um diese dann auf den organisationellen Kontext anwendbar zu machen. Die Veränderung geschieht prozesshaft und zyklisch. Eigenschaften wie mehr Risikofreude, bessere Kommunikation und Kooperation sollen erreicht werden, indem ein grundlegendes Hinterfragen eigener Rollen und Beziehungsmuster erfolgt. Das soll dem Manager Klarheit und Verantwortung zu sich selbst und zu (auch zwischenmenschlichen) Vorgängen in der Umwelt verschaffen (vgl. Quinn et al. 1991). Der eigentliche Schwerpunkt dieses Modells liegt im Transfer. Für die erfolgreiche Umsetzung neuer Verhaltensweisen bedarf es einer unterstützenden Umwelt. Ist diese im Unternehmen oder privaten Umfeld nicht gegeben, kann nicht nur das neu Gelernte nicht umgesetzt werden, sondern es kann sogar zu Verringerung des Selbstvertrauens führen.

An dieser Stelle schließt sich der Kreis zur bereits erwähnten Bedeutsamkeit des Kontextes bei Interventionsmaßnahmen zur Persönlichkeitsentwicklung und zu neuen Ansätzen der systemischen Organisationsentwicklung aus dem deutschsprachigen Raum (vgl. Gairing 1996, Götz 1997). Dort liegt ebenfalls der Fokus auf Veränderung des Einzelnen im System Organisation (gegebenenfalls mit konkreten Projektgruppen), im Prozess (mit zeitlicher Transferbegleitung) und mit positiv verändernden Rückwirkungen auf das gesamte System Organisation. Der Trainer fungiert eher als Begleiter und Spiegel. Methodisch gearbeitet wird mit hohen Erfahrungs- und Selbsterfahrungsanteilen und das Ziel ist zunächst Reflexionsfähigkeit, bevor es um Veränderung geht.

Um die angedeutete Lücke zwischen Anbietermarkt und Personalentwicklungsliteratur zu schließen, wird es zukünftig verstärkt notwendig sein, sich mit neuen Modellen, Verfahren und Methoden sowie deren Wirkungsweisen wissenschaftlich auseinanderzusetzen.

2.4.3 Zusammenfassung und Schlussfolgerungen

Der Versuch, mehr Einblick in die Anbieterseite von Persönlichkeitstrainings zu bringen, endet mit folgenden Feststellungen:

a) Der Markt ist sehr intransparent. Es besteht eine große Streuung, was die Methoden, aber auch die dahinterstehenden theoretischen Konstrukten betrifft.

b) Die Grenzen zwischen beruflicher Fortbildung und Therapie verschwimmen häufig, da Schwerpunkte auf Selbsterfahrung und Reflexion von Einstellungen, Werten und Lebenssinn gelegt werden.

c) Die Personalentwicklungsliteratur spiegelt mit ihren jetzigen wissenschaftlich-theoretischen Modellen wenig den aktuellen Trend auf dem Anbietermarkt wider.

d) Erste fruchtbare Ansätze, dieses Defizit zu schließen, bieten systemische Konzepte und das erwähnte Empowerment-Modell von Quinn et al. (1991).

Schlussfolgerungen können sowohl für die Weiterbildung als auch für die zukünftige Evaluation von Maßnahmen gezogen werden:

a) Fragen der Professionalität und der Ethik gewinnen vermehrt Präsenz, da an tief liegenden Strukturen gearbeitet wird.

b) Bisher ungewöhnliche, alternative Verfahren müssen in wissenschaftliche Fragen der Wirkspezifität einbezogen werden.

c) Für einen bewertenden Vergleich sollten eher Angebote ähnlicher als unterschiedlicher Herangehensweisen zugezogen werden, denn dort dürften sich Qualitätsunterschiede besser zeigen.

d) Als Evaluationskriterien sollten auch subjektive Maße der Teilnehmer wie Selbstbewusstsein, Reflexionsfähigkeit und psychische Stabilität in Betracht gezogen werden.

e) Möglichkeiten der Erfassung eines Paradigmenwechsels sind zu entwickeln.

f) Prüfung, ob bestimmte Persönlichkeitstypen von Trainings mit hohem Selbsterfahrungsanteil, die unter Umständen ein hohes Maß an Ambiguität und Unsicherheit in der Veränderungsphase bieten, besonders (oder besonders wenig) profitieren.

g) Für den Transfer wichtige organisationelle, familiäre, persönliche Gegebenheiten sind zu schaffen und in die Evaluation einzubeziehen.

Inwieweit derartige Überlegungen zur Evaluation von Persönlichkeitstrainings bereits implementiert sind und welche Aussagen zur Wirksamkeit dieser Kurse überhaupt vorliegen, wird im folgenden Kapitel beleuchtet.

2.5 Was können Persönlichkeitstrainings leisten?

> Man weiß nie, was daraus wird, wenn die Dinge verändert werden. Aber weiß man denn, was daraus wird, wenn die Dinge nicht verändert werden.
> (Elias Canetti)

Im Folgenden geht es um Fragen der Wirksamkeit dieser Maßnahmen, sowohl unter dem Evaluationsgesichtspunkt „Wie wirksam sind die Seminare überhaupt?" – als auch in theoretischer Hinsicht unter dem Blickwinkel „Was wirkt in solchen Kursen?". Im Vordergrund steht die Sichtweise der Teilnehmer. In einem letzten Abschnitt soll auch auf kritische Aspekte von Persönlichkeitstrainings eingegangen werden.

2.5.1 Evaluation als Bestandteil betrieblicher Weiterbildung

Erfolgt eine Bewertung von Programmen, Seminaren oder allgemein der Bildungsarbeit explizit mithilfe systematisch angewandter wissenschaftlicher Techniken und Methoden, so spricht man allgemein von Evaluation. In der Literatur sind zahlreiche Definitionen zu diesem Wortfeld auffindbar, welche synonym oder auf spezielle Formen bezogen, verwendet werden – unter anderem Erfolgsermittlung, Wirkungskontrolle, Erfolgskontrolle (Wottawa & Thierau 1990).

Die Evaluation stellt einen sehr umfangreichen Bereich der Bildungs- und Forschungsarbeit dar, mit einer Vielzahl von Modellen und Ansätzen, verschiedenen Zielen, Evaluationsfeldern, Formen sowie differenzierten Methoden und Designs (vgl. zur Evaluierung Götz 1998a,b,c; Nork 1981). Zu den Aufgaben der Evaluation gehört es auch, die Qualität von Bildungsarbeit sicher zu stellen, das heißt, zunächst transparent zu machen und dann entsprechend zu optimieren (siehe auch Abbildung 8).

Dabei spielen für Unternehmen häufig ökonomische Motive eine Rolle. Hintergrund ist, dass Weiterbildung in vielfältiger Weise Ressourcen bindet. Damit zu prüfen ist, ob Weiterbildungsmaßnahmen effizient und mit rückwirkendem Nutzen für die Organisation eingesetzt werden. Andere Gründe für eine Evaluation entspringen pädagogischen Motiven, wobei es abzuschätzen gilt, inwieweit Lern- und Lehrerfolge erzielt wurden und welcher Bildungsbedarf generell vorliegt (vgl. Bronner & Schröder 1983, S. 45 ff.).

Für Persönlichkeitstrainings gelten beide Motivklassen und als Drittes kommt der persönliche Nutzen aus Sicht des Kunden hinzu. Auf Grund der engen Verbindung dieser Maßnahmen mit gesellschaftspolitischem Geschehen (Religionsfragen, Sekten, etc.) wird eine grundsätzliche wissenschaftliche Eruierung des Wirkungsspektrums dieser Kurse auch aus Verbrauchersicht bedeutsam.

Was für die Evaluation von Weiterbildung im Allgemeinen zutrifft, spitzt sich im Bereich Persönlichkeitsentwicklung zu. Sie gilt häufig als Stiefkind von Bildungsmaßnahmen: „Millionen für die Bildung, Pfennige für die Evaluation" umschreibt Eichenberger (1990) die Situation. Zahlreiche Hindernisse wie Kosten, Mangel an Konzepten und Instrumenten, Ängste der Beteiligten sowie Zweifel bei der Zurechenbarkeit der Veränderungen stehen im Wege. Die Komplexität, der in den Persönlichkeitsseminaren angesprochenen Einstellungen und Verhaltensweisen erschwert die Ableitung von objektiven Zielen und Messkriterien. Dies gilt jedoch gemeinhin als wesentliche Voraussetzung für entsprechende Evaluationsergebnisse.

Evaluationsstudien innerhalb der wissenschaftlichen Literatur zu so genannten Persönlichkeitstrainings sind besonders im deutschsprachigen Raum rar. Nachfolgend werden einige der Ergebnisse zur Wirksamkeit der Kurse mit Blick auf

Konsequenzen für weitere Forschungen vorgestellt.

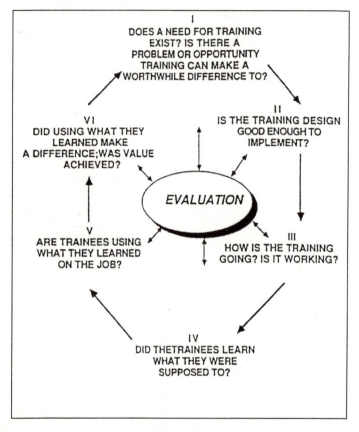

Abbildung 8: Der Trainings-/Evaluationszyklus (Brinkerhoff 1986)

2.5.2 Empirische Studien zur Wirksamkeit von Persönlichkeitstrainings

Zuverlässige Studien über die Wirksamkeit persönlichkeitsorientierter Trainings liegen kaum vor (vgl. Mayer & Götz 1998, Schönhammer 1985, Sonntag & Schaper 1992). Die wenigen Ergebnisse und zahlreichen Meinungen unterscheiden sich stark und werden je nach Expertenstandpunkt verschieden ausgelegt. Das Spektrum reicht von positiven Ergebnissen hinsichtlich Kommunikations- oder Reflexionsfähigkeit (Berthold, Gebert, Rehmann & von Rosenstiel 1980, Mayer & Götz 1998) über negative Veränderungen wie Verunsicherung oder vermindertes Selbstwertgefühl (von Rosenstiel 1992) bis hin zur Wirkungslosigkeit.

Eine Literaturanalyse zu diesem Thema ergibt zunächst Folgendes:

a) Evaluationen reiner Persönlichkeitstrainings sind tatsächlich rar, häufiger wird sich auf Führungstrainings oder Managementtrainings bezogen,

b) eine Vielzahl der Untersuchungen bezieht sich vorrangig auf Effektivität und Effizienz einzelner Methoden (gruppendynamische Verfahren, Verhaltensmodellierung, kognitive Methoden...) und

c) die meisten Ergebnisse stammen aus dem anglo-amerikanischen Raum und sind nur eingeschränkt auf deutsche Verhältnisse anwendbar.

Die nun kurz mit Inhalten und Ergebnissen vorgestellten Studien sollen für das Thema als aussagekräftig und methodisch different gelten.

Die Studie von Mayer und Götz

Mayer und Götz (1998) führten eine qualitative Studie zu Funktionen und Wirkungen von Persönlichkeitstrainings durch. Dazu wurden persönlichkeitsorientierte Führungstrainings in der Zentrale der Daimler-Benz AG evaluiert, deren Ziel darin bestand, jedem Teilnehmer eine Standortbestimmung (unter anderem mit der Analyse der eigenen Lebenslinie und Fragen: „Wo komme ich her?" „Wo bin ich jetzt?" „Wo will ich hin?") sowie die Entwicklung neuer Handlungsalternativen zu ermöglichen. Die persönliche Reflexion des Prozesses stand im Vordergrund. Untersuchungsziel war es, Wirkungen, Möglichkeiten und Grenzen für das Individuum sowie die Organisation aufzuzeigen. Das Seminar dauerte fünf Tage und fand in einem Kloster statt. Datengrundlage bildeten narrative Interviews, die zu drei verschiedenen Zeitpunkten (zwei Wochen vor dem Seminar, bei Seminarabschluss, zwei Wochen nach dem Seminar) bei fünf Teilnehmern erhoben wurden. Außerdem erfolgte eine Erhebung bei einer weiteren Stichprobe von wiederum fünf Teilnehmern, für die das Training schon ein Jahr zurücklag.

Vor dem Seminar herrschte zum Teil große Skepsis bei den Teilnehmern und eine eher instrumentalistische Motivation mit nur wenigen persönlichen Zielen und Erwartungen. Die Querschnittsauswertungen der Interviews aller anderen

Zeitpunkte hingegen erbrachten bemerkenswert positive Reaktionen aller Teilnehmer.

Insgesamt fassen die Autoren den Gewinn des Seminars aus Sicht der Teilnehmer folgendermaßen zusammen:

a) Erkennen der Wichtigkeit von Selbstbeobachtung,

b) eine höhere Sensibilität bei der Fremdbeobachtung (besonders von affektiven Zuständen),

c) einen reflektierteren Umgang mit schwierigen Situationen,

d) Achtsamkeit und Sensibilität für Situationen, die einem gut tun und

e) ein versöhnterer Umgang mit sich selbst (innerer Frieden), was wiederum auf die Umwelt ausstrahlt.

Kurz nach dem Seminar zeigte sich die Wirkung des Seminars für den Einzelnen in neuen Einstellungen (zum Beispiel gegenüber Konflikten) und Verhaltensveränderungen (aktiveres Zuhören, offeneres Zugehen auf andere und vieles mehr). Nach einem Jahr zeigten sich die Auswirkungen für die Organisation in besseren Arbeitsergebnissen und Arbeitsklima, Mitarbeitermotivation und reichhaltigerem Privatleben der Mitarbeiter.

Schlussfolgernd stellen die Autoren fest, dass bei einer solchen Beratungsarbeit berufliche und private Sphäre nicht mehr zu trennen sind und für den Erfolg solcher Maßnahmen einerseits gewisse Seminarbedingungen wie Atmosphäre und Offenheit gegeben sein müssen und andererseits für den Transfererfolg organisationelle Rahmenbedingungen geschaffen werden müssen. Weiter zu untersuchen wären Grenzen und mögliche Risiken.

Die Studie von Berthold, Gebert, Rehmann und von Rosenstiel

Berthold et al. (1980) prüften in einer empirischen Untersuchung Bedingungen und Effizienz einer Führungskräfteschulung, deren Schwerpunktziel in besserer Kommunikation und Kooperation bestand. Mithilfe von Diskussionen, standardisierten Übungen und Rollenspielen aus der gruppendynamischen Literatur sollte unter anderem mehr Selbstsicherheit, bessere Wahrnehmung gruppendynamischer Prozesse und die Steigerung kommunikativer Fertigkeiten erreicht werden. Das Trainingsprogramm erstreckte sich über drei Wochen an jeweils zwei Tagen der Woche. Die Stichprobe bestand aus 68 Führungskräften des unteren und mittleren Managements eines Unternehmens. Sie wurden in zwei Trainingsgruppen und eine Kontrollgruppe eingeteilt. Messtheoretisch ging es um einen Vergleich der beiden Trainingsgruppen mit der Kontrollgruppe sowie der Trainingsgruppen untereinander. Weiterhin wurden Mitarbeiter, Kollegen, Chefs oder Angehörige im Vergleich zu den Teilnehmern befragt. Zur Datengewinnung wurden Ratingskalen für Selbst-Fremd-Bild, Fragebögen und Interviews herangezogen.

Nach drei Monaten stuften 54 % der Mitarbeiter / der Kollegen die Teilnehmer aus der Trainingsgruppe 1 (T1) als positiv verändert ein. Nur 14 % gaben das für die Kontrollgruppenteilnehmer an. Bemerkt wurden die Veränderungen daran, dass beispielsweise häufiger Konflikte angesprochen wurden, mehr die Meinung anderer erfragt oder auch besser Kritik vertragen wurde. Auch die Teilnehmer selbst stellten bei sich deutlich positive Veränderungen fest. Nach neun Monaten bestätigten dies 78 % der Teilnehmer aus T1 und 54 % aus T2 an. Bei anderen Messinstrumenten (zum Beispiel Fragebogen zur Vorgesetztenverhaltensbeschreibung) konnte sich die anfangs positivere Ausprägung der Teilnehmer gegenüber der Kontrollgruppe nach acht Monaten nicht mehr feststellen lassen.

Die Autoren schlussfolgern, dass sich einerseits die Teilnehmer durch das Training verändert haben und dass die Veränderungen auch von ihrer Umwelt wahrgenommen werden. Die Anzahl der berichteten Veränderungen wird mit zunehmendem Zeitabstand geringer. Für weitere Forschungen ist zu bedenken, was mit den Daten erreicht werden soll. Für erste Schritte und Überblicke eignen sich quantitative Verfahren gut, für tiefgreifendere Ergebnisse wird jedoch ein lang andauernder Ansatz mit einer Vielzahl sozialwissenschaftlicher Methoden (Gespräche, Interviews...) und Transfersicherung empfohlen.

Weitere empirische Belege

Wie bereits angedeutet beziehen sich viele Studien auf den Wirksamkeitsnachweis einzelner Trainingsmethoden. Eine sehr aufwändige Untersuchung mit positivem Ergebnis bezüglich Veränderungen des sozialen Verhaltens führten Latham und Saari (1979) zu einem Verhaltenstraining durch. Dem Einsatz unkonventioneller Trainingsmethoden trägt Kindler (1979) Rechnung, indem er die Effektivität von Gruppen untersucht, die vor einer Problemlöseaufgabe meditieren. Er findet dort eine objektiv höhere Effektivität (kürzere Gesamtzeit, weniger Durchläufe) und ein subjektiv besseres Arbeitsgefühl (Ruhe, angenehmere

Teamatmosphäre, Leichtigkeit...) verglichen mit der Kontrollgruppe.

Fisch und Fiala (1984) bieten eine zusammenfassende Bilanz neuester Literatur zum Thema Führungstraining und analysieren 101 Artikel nach den Kriterien Teilnehmer, Lehrinhalte, Schulungsinhalte und deren Wirksamkeit sowie Effektivität. Zusammenfassend kommen sie zu dem Schluss: „Generell kann gesagt werden, je höher der Aufwand bei der Vermittlung (multimethodisches Vorgehen), je größer scheint der unmittelbare Lernertrag zu sein. Je differenzierter die Evaluationsmethoden und Forschungsdesigns, desto zuverlässiger lassen sich Effekte aufweisen" (Fisch & Fiala 1984, S. 200). Sie betonen, dass als Trainingsergebnisse günstigstenfalls Handlungsvoraussetzungen zu schaffen sind, dass jedoch die Umsetzung in hohem Maße von „situationaler Günstigkeit" abhängig ist.

Der Artikel eignet sich zur Überblicksgewinnung, jedoch weniger, um differenzierte Wirkungsaussagen zu erhalten. Letzteres wiederum versuchten Burke und Day (1986) mit einer Metaanalyse zu Managementtrainings. Sie finden dabei Hinweise auf die Effektbedeutsamkeit der verwendeten Methoden sowie der Trainererfahrung, da beide Faktoren einen Großteil der Wirkungseffekte aufklären konnten. Doch auch hier wird deutlich, dass die Wirksamkeit generell stark schwankt und nicht eindeutig mit positiv oder negativ bewertet werden kann.

Wie stellen sich zur Gegenüberstellung dazu die Ergebnisse der Telefonbefragung dar?

> „Ich würde nicht sagen, dass sich dadurch die Welt verändert hat, aber es gab im Grunde eine starke Stabilisierung und eine Stärkung des Selbstbewusstseins." (ein Teilnehmer)

> „Man hat die Chance bekommen, bewusster zu leben." (ein Teilnehmer)

> „Die Wellenbewegungen sind stärker geworden, das Wohlbefinden, aber auch wenn ich mich schlecht fühle." (ein Teilnehmer)

• Veränderungen der eigenen Person	78 %
Psychisches Befinden	79 %
Lösung alltäglicher Probleme	79 %
Selbstverantwortung und Selbstreflexion	71 %
Klärung von Sinnfragen	57 %
Körperliches Befinden	14 %
• Veränderungen im beruflichen Umfeld (bessere Kommunikation, beruflicher Aufstieg, Gelassenheit, Konfliktfähigkeit ...)	61 %
• Veränderungen im Bereich Familie/Partnerschaft (erhöhte Ehequalität, neue Freundeskreise ...)	56 %
• andere Veränderungen	44 %
• keinerlei Veränderungen	22 %

Tabelle 3: „Wo in Ihrem Leben haben Sie Veränderungen durch ein Seminar/Training wahrgenommen?" (Teilnehmerangaben aus der Voruntersuchung, Mehrfachantworten waren möglich)

Bis auf zwei Teilnehmer beurteilten alle anderen die Veränderungen, wenn stattgefunden, eher positiv. Es scheint, dass die Wirkung bei den Anrufern vorrangig auf einer Stärkung des Selbstvertrauens, vermittelter Handlungszuversicht und bewussterem Umgang mit sich und anderen beruhte, und somit wiederum ein Grundstein für eine Reihe von Folgeveränderungen war. Man entscheidet sich leichter, traut sich Konflikte durchzustehen, geht auf Mitarbeiter gezielter ein und vor allem arbeitet man später auf Grund der vielen Anregungen weiter an sich. Veränderungen zeigten sich durch erhöhte personale und soziale Kompetenz, wie das auch Mayer und Götz (1998) fanden. Bei Führungstrainings spricht man in solchen Fällen auch von Spill-over-Effekten, was bedeutet, dass sich Trainings, die eigentlich nur darauf abzielten, die berufliche Kompetenz des Teilnehmers zu steigern, sich ebenso positiv im privaten Umfeld auswirken können (vgl. Sogunro 1997). Diese Übertragungen sind jedoch nicht überraschend, wenn man bedenkt, dass an grundlegenden Paradigmen und Eigenschaften wie Selbstvertrauen oder Kommunikationsfähigkeit gearbeitet wurde.

Die Seminare wurden jedoch von den Teilnehmern nicht unkritisch angenommen. 22 % der Telefon-Stichprobe erlebten keinerlei spürbare Veränderungen. *„Für das Unternehmen hätte man Kollege X besser drei Tage blau machen lassen sollen, dass er danach ausgeglichen ins Büro zurückkommt. Da wäre der Schaden geringer gewesen und der Nutzen ungefähr gleich."* Es blieb bei „*überteuerter skurriler Unterhaltung"* oder „*manipulativen Verkaufstricks"* so Teilnehmerzitate. Anhand derartiger Aussagen kommt deutlich die Kosten-Nutzen-Frage ins Spiel (die Kosten betrugen durchschnittlich 3000 DM für ein Drei-Tage-Seminar).

Als Grenzen der Seminare wurden genannt:

- Die verwendeten Methoden waren dem Problem unangemessen *(„Der Selbsterfahrungskokolores brachte für unsere Projektarbeit nicht viel"*),
- die Trainerprofessionalität war zweifelhaft *(„Das war eine reine Selbstdarstellung seiner Person"*),
- es gab Probleme mit den vermittelten Botschaften *(„Das war ein ganz egozentrisches Weltbild, nur auf Geld und Erfolg bedacht, mit einer ganz schwachen sozialen Komponente"*) und
- Transferproblematik *(„Es ist unheimlich schwer, sich diese tollen Erfahrungen einfach langfristig zu erhalten"*).

Zu beachten ist, dass die Seminare, über die die Teilnehmer berichteten, unterschiedlich lange zurücklagen (zwischen sieben Jahren und einem Monat), was großen Einfluss auf die Zurechenbarkeit der Effekte hat. Befragt nach der Dauer der Wirkung gaben viele an, dass es anfangs einen großen Energie- und Motivationsschub gebe, dass dieser nach ca. drei Wochen abflacht und ab dann entscheide die Initiative des Einzelnen, ob man individuell an den Punkten weiterarbeitet, um auch langfristige Effekte zu erzielen.

Grundsätzlich wird bei Evaluationen der Wirksamkeit immer von Zielkriterien ausgegangen, die durch das Training erreicht werden sollen. Für Seminare, die vorwiegend der Wissensvermittlung dienen, ist das relativ gut realisierbar. Dort kann anhand einfacher Tests der Zuwachs im Anschluss gemessen werden. Gerade für Persönlichkeitstrainings jedoch gestaltet sich die Festlegung der Evaluationskriterien häufig schwierig, da die Trainings selbst oftmals offene Zielsetzungen haben und Inhalte zum Teil von den Teilnehmern mitbestimmt werden („um sie da abzuholen, wo sie sind").

Eine sinnvolle Möglichkeit der Wirksamkeitsbestimmung selbst bei offenen Seminaren würde darin bestehen, die Seminare gemäß der von Grawe, Donati und Bernauer (1994, S. 749 ff.) dargestellten Metaebenen von allgemein wirkungsvollen Therapieverfahren zu untersuchen. Gemeint ist eine Wirksamkeitsprüfung hinsichtlich a) Problembewältigungsperspektive, b) Klärungsperspektive und c) Beziehungsperspektive. Damit könnten kompatibel einsetzbare Messbatterien mit dem Ziel gestaltet werden, Wirkungsschwerpunkte einzelner Verfahren oder Seminare darzustellen.

Zur Diskussion stehen damit unter anderem folgende Punkte:

a) Material zu Wirkungen und Effekten von Persönlichkeitstrainings ist rar; das gilt auch für den Bereich neuer unkonventioneller Methoden.

b) Innerhalb der durchgeführten Telefonstudie hatten 80 % der Anrufer eher positive Erfahrungen mit diesen Trainings, der Rest hatte die Veranstaltungen gemischt oder eher negativ erlebt.

c) Die in Persönlichkeitstrainings angesprochenen inneren Aspekte (Einstellungen, Werte, Selbstvertrauen, Reflexivität...) sind schwer erfassbar und bisher wurde sich vorrangig auf harte Veränderungsdaten (beispielsweise Qualitätsgrößen, Verhaltensmaße) oder Reaktionsmessungen gestützt. Neue Anregungen dazu liegen möglicherweise in der kombinierten Anwendung quantitativer und qualitativer Verfahren sowie anderer Forschungsrichtungen (zum Beispiel Einstellungsforschung und Psychotherapieforschung).

d) Dem Transfer einerseits und der Langfristigkeit der Effekte andererseits wurde bisher zu wenig Aufmerksamkeit gewidmet. Veränderungen, die durch die Seminare ausgelöst werden, sind nicht linear abarbeitbare Konsequenzen, sondern eher ein subjektives Empfinden von Prozessen in der eigenen Person, die in Zukunft Wirkungen zeigen werden (vgl. Götz 1994, S. 459).

e) Latente Inhalte der Seminare und implizite Theorien der Trainer und Teilnehmer über Weiterbildung sowie deren aktuelle Bedürfnisse könnten wesentlich für die Wirksamkeit sein.

f) Es besteht grundsätzlich ein Dilemma zwischen unzureichender wissenschaftlich methodischer Umsetzung von Evaluationen und deren Einbettung in den Unternehmens- bzw. Teilnehmeralltag (Kosten, Zeit, Umfeld ...)

2.5.3 Wirkfaktoren persönlichkeitsorientierter Trainings

Die starke Nachfrage eines Anbieters oder eines Seminars gilt meist als Zeichen für hohe Qualität. Das Produkt Training entsteht jedoch, ähnlich der Psychotherapie, erst im Bedingungsgefüge mit dem Klienten und das eigentliche Ergebnis des Trainings erst im Gefüge der Organisation oder des privaten Umfeldes. Von daher gesehen ist der Indikator Nachfrage für dieses Produkt nicht verlässlich. Auch die Frage, was genau in den Kursen wirkt, müsste deshalb eigentlich für jeden Seminarfall und jedes System einzeln betrachtet werden.

Wenn die Frage nach Wirkfaktoren gestellt wird, ist es einerseits wichtig, die Seminarsituation selbst zu betrachten und andererseits Faktoren des Systems zu berücksichtigen, die einen Transfer des Gelernten ermöglichen oder nicht ermöglichen.

> Ob bei Freizeitpark- oder Alibitrainings Kosten in den Sand gesetzt werden, ist wiederum nicht eindeutig beurteilbar, weil die Wirkung der damit möglicherweise verbundenen sozialen Befreiung und des mit dem Training symbolisch vermittelten Prinzips Hoffnung sich möglicherweise doch noch bezahlt machen. (Schneider 1994, S. 118)

In der Literatur oder bei Interviews findet man zu Fragen der Wirkfaktoren speziell von Persönlichkeitstrainings zwei Standpunkte. Einerseits die Befürworter, nicht selten Anbieter, die das Plus ihrer Arbeit herausstellen und andererseits die Kritiker dieser Trainings, die aufmerksam machen auf Manipulationen oder Risiken. Beide Standpunkte sollen im Folgenden durch Interviewaussagen gestützt dargestellt und mit theoretischen Überlegungen aus der Psychotherapieforschung und der systemischen Organisationsentwicklung verbunden werden.

Eine theoretisch-empirische Antwort auf die Frage nach den Wirkfaktoren bieten Grawe et al. (1994), zwar für Psychotherapien entwickelt, aber für Seminare ebenso passend. Sie unterscheiden zwischen spezifischen Wirkfaktoren, die der Methode und den Spezifika des Verfahrens zurechenbar sind und unspezifischen Wirkfaktoren, die ähnlich Placeboeffekten, zwar das Endergebnis wesentlich mitbeeinflussen, jedoch nicht durch das Verfahren selbst hervorgerufen wurden. Bekannt sind die unspezifischen Faktoren gerade auch von Gurus oder Schamanen, die starke Überzeugung ausstrahlen zu heilen, oder gleich zu Beginn mit dem Patienten ein Erklärungssystem für die Ursachen des Leidens aufbauen. Wenn eine Wirkung vorliegt, beruht sie grundsätzlich auf beiden Faktorengruppen. Es obliegt dem Können und der Arbeitsweise des Therapeuten, in unserem Falle des Trainers, inwiefern er gerade die unspezifischen Faktoren zu nutzen versteht. Finden sich diese spezifischen und unspezifischen Wirkfaktoren auch in der Seminararbeit wieder?

Die Erwartungen des Kunden an den Nutzen von Bildung können in sechs Hauptfelder unterteilt werden (vgl. Götz 1997, S. 34 f.):

a) die Seminargestaltung (individuelles Eingehen auf Kunden, perfekte Organisation beispielsweise)
b) das lernökologische Umfeld (soziale Kontakte, Lernatmosphäre...)
c) ‚Sozialleistungen' (Entertainment, Incentive)
d) fachlich-inhaltliche Erwartungen (Fachkompetenz, Problemlösung...)
e) Transfer und
f) Qualität.

Die Erwartungen verbinden beides, sowohl spezifische Faktoren im Sinne fachlich-inhaltlicher Erwartungen, als auch unspezifische, wie beispielsweise „es gibt etwas umsonst".

Auch in den Voruntersuchungen dieser Studie wurden die Teilnehmer gefragt, was sie an den Seminaren als besonders wichtig empfanden?*„Praktisches Üben und Ausprobieren, mal die ganze Firma zusammen ohne Alltagsprobleme, Professionalität und menschliche Wärme der Trainer, das Gruppenfeeling, Stärkung der eigenen positiven Kräfte"* sind nur einige der Aussagen der Interviewpartner.

Deutlich wird dabei, dass der Seminarkunde auch weiche, unspezifische Faktoren schätzt, unabhängig von konkreten Leistungen der Wissensvermittlung. So kann es zum Beispiel wichtiger sein, einfach mal den Chef geduzt zu haben, als konkret etwas gelernt zu haben. Ähnliches schildert Neuberger (1987) mit „52 Gründen für die Durchführung von Managementtrainings" und nennt als Beispiele den Glauben im Sinne einer sich selbst erfüllenden Prophezeiung, dass hinterher alles besser geht: die Feuertaufe oder Grenzsituationen im Training und Wir-Gefühl.

Auch eine Umfrage der FU Berlin zum Weiterbildungsangebot für Führungskräfte (Kreuzer 1989) bestätigt diese Erfahrung. Die Führungskräfte gaben an, dass die Bearbeitung individueller Probleme in den Kursen zu kurz komme, und dass sie nur unzureichend Möglichkeiten sehen, eigene Interessen einzubringen. Götz (1998 b) weist nach, dass der Lerntransfer bei Personen deutlich geringer ist, die im Seminar falsche inhaltliche Schwerpunktsetzung und mangelnde Möglichkeiten individueller Interesseneinbringung sahen.

Könnte es sein, dass bei Management-Persönlichkeitstrainings gerade unspezifische Faktoren im Vordergrund stehen, weil durch den erleichternden Austausch in der Gruppe, durch Wir-Gefühle, flüchtige Sicherheit erfahrbar wird?

Anbieter wissen jedenfalls um ihre unspezifischen Stärken. Auf die Frage: „Was macht nach Ihrer Meinung die Wirksamkeit Ihrer Kurse aus?", werden beispielsweise folgende Antworten gegeben:

- *bewusster Einsatz des Know how des Klienten, individuelles Eingehen,*
- *viel Humor und Liebe,*
- *Rahmenbedingungen, die Energie freisetzen (Architektur, Duft, Farben etc.),*
- *effektvolle Methoden produzieren Veränderungen in kürzester Zeit,*
- *unterhaltsamer Aufbau,*
- *Einbezug von Sinnfragen, Spürbarkeit eines spirituellen Fundamentes,*
- *absichtslose Assistenz,*
- *Dinge klären, Vertrauen geben, zuhören,*
- *Ballast abwerfen können, Gefühle und Ängste teilen,*
- *wissenschaftliche Studien zu Bedürfnissen als Grundlage sowie anschließende Transferbegleitung und*
- *Erfahrungslernen unter Einbezug von Körper, Geist und Seele.*

Was letztlich die Wirksamkeit der Kurse ausmacht, ist erst bezogen auf die Einzelteile erklärbar und entsteht wahrscheinlich von Kurs zu Kurs neu und anders. Fakt ist, dass sich viele der eigentlich unspezifischen Variablen zu ganz eigenen Faktoren innerhalb des Seminars, also spezifisch im Kontext des Seminars, im Zusammenhang mit Trainer, Setting, Gruppenzusammensetzung oder Dauer entwickeln (Bronner & Schröder 1983, Schettgen 1994).

Für den Lerntransfer im Speziellen wären für Wirksamkeitsbeurteilungen zusätzlich Bedingungen der Organisation mit zu beachten. Gerade hier kann vor dem Hintergrund gefährdeter Machtpositionen, traditioneller Unternehmenskulturfaktoren, mangelnder Zeit und Unterstützung so manches gutes Lernergebnis der Seminare bei der Umsetzung verloren gehen (vgl. Gairing 1996, S. 234 ff.). Erste Versuche, den Einfluss verschiedener Seminarfaktoren und deren Auswirkungen auf den Lerntransfer als ganzen Komplex zu erfassen, wurden unter anderem an Datenverarbeitungsseminaren vorgenommen (vgl. Götz 1998 b).

Solche Ansätze kombiniert mit Erfahrungen der Psychotherapieforschung wären zukünftig denkbar für weitere Forschungen zum Nutzen und der Wirksamkeit von Persönlichkeitstrainings (vgl. Grawe et al. 1994, S. 696 ff.). Dies gilt vor allem mit Augenmerk auf die bereits erwähnten spezifischen und unspezifischen Wirkfaktoren sowie einem Vergleich der Ergebnisse bestimmter Seminarbzw. Therapiekomponenten (wirksamste Dauer, Besonderheiten eines wirksamen Settings, Therapeuten- oder Trainerbeziehung). Damit wären auf der Grundlage entstehender Wirkungsprofile auch individuelle Indikationsstellungen und gezieltere Interventionen sowie notwendige Vor- bzw. Nachbereitungsschritte möglich.

Zu bedenken ist, dass einige, der hier als nutzbringend und gezielt wirkungsvoll dargestellten Gegebenheiten in überzogener oder gar mystifizierter Form ebenso risikovoll oder kritisch für den einzelnen Teilnehmer sein können.

> Überraschende, nicht alltägliche Erfahrungen, auch Grenzerfahrungen, stoßen bei einem Teil der Betroffenen positive Veränderungen an. Bei anderen bewirken sie nichts, und eine Minderheit läuft Gefahr, seelisch geschädigt zu werden. (Caberta, Goldner & Hemminger 1997, Nr. 57)

Im Einklang mit der eigenen Entwicklungsgeschichte, bisherigen Lernerfahrungen und psychischer Stabilität können persönliche Betroffenheit und verschiedene risikovolle Auswirkungen entstehen. Die Frage ist, ob gewisse Bedingungsgefüge ausfindig zu machen sind, die eine möglicherweise negative Wirkweise wesentlich mitbestimmen können?

2.5.4 Persönlichkeit als Faktor für differenzierte Auswirkungen?

Fischer und Gehm (1990) bieten eine Brücke für Kritiker und Befürworter von Persönlichkeitstrainings an. Sie entwickeln oben erwähnten Gedanken der Verknüpfung mit Therapieforschung weiter, indem sie die Diskussion der Wirkungsweise und Veränderungen der Persönlichkeit auf eine andere Ebene heben. Der Kernpunkt ihrer Betrachtungen liegt in der Involviertheit der Persönlichkeit.

> Um die Tiefe weitergehender Beeinflussung abschätzen und beurteilen zu können, wäre genaue Kenntnisse darüber notwendig, wie sehr einzelne Vorgehensweisen die Persönlichkeit berühren und modifizieren. (Fischer & Gehm 1990, S. 26).

In der organisationspsychologischen Literatur gibt es bisher keinerlei Parameter oder Modelle, um einschätzen zu können, inwieweit der Erwerb einzelner Fähigkeiten oder die Verwendung bestimmter Methoden die Persönlichkeit in ihrem Kern beeinflusst. Dieses Theoriedefizit ist zum Teil mit mangelnder Verknüpfung persönlichkeitspsychologischer und arbeitspsychologischer Themen (auch Weiterbildung) begründbar. Zur Verdeutlichung der Involviertheit der Persönlichkeit als eventuelle Grundlage für Bildungsergebnisse wird das

Schichtenmodell der Persönlichkeit von Lewin genutzt (vgl. Abbildung 9).

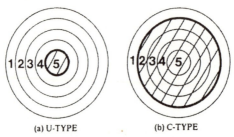

Figure II. Personality Structure
The thickness of the boundary lines between the personality layers represents the difference in accessibility. The hatched area corresponds to the "private" region of the person.
Aus: LEWIN, K.: Some Social-Psychological Differences between the United States and Germany. In: Character and Personality, 4, 1936, 265—293.

Abbildung 9: Lewins Schichtenmodell der Persönlichkeit

Lewin (1936) stellt die Persönlichkeit eines Menschen durch fünf konzentrische Ringe dar, die nach innen einen zunehmenden Grad von Intimität symbolisieren. Die Stärke der Linien, die einen Ring nach außen hin abgrenzen, symbolisiert den Grad des Widerstandes, den eine Person einer Beeinflussung auf der jeweiligen Ebene entgegensetzt. Lewin nutzte dieses Modell ursprünglich, um den Grad der Intimität, den Mitglieder einer Gruppe als persönlich angenehm empfinden, zu beschreiben. In der Untersuchung wird erklärt, dass für den prototypischen Amerikaner erst der fünfte, innerste Ring die eigentlich intime Sphäre darstellt, während diese beim prototypischen Deutschen bereits beim zweiten Ring beginnt.

Er impliziert damit, dass ein Amerikaner beispielsweise zu größerer Trennung und Flexibilität von Verhaltensweisen in der Lage ist, ohne dass dies direkt den Kern seiner Persönlichkeit berührt. Ein Deutscher wäre damit schon bei relativ geringen Einflüssen von außen in seiner Persönlichkeit als Ganzes betroffen und würde emotional reagieren. Obwohl die Untersuchung einem anderen Genre entstammt, ließe sich damit der Involviertheitsgrad der Persönlichkeit bei Lernprozessen plakativ verdeutlichen. Spezielle Rahmenbedingungen von Persönlichkeitstrainings könnten unter diesem Aspekt betrachtet werden und als förderlich oder hinderlich eingestuft werden. Auch Grawe et al. (1994) bemerken, dass das richtige Setting die Grundlage für Veränderung sei. Fischer und Gehm

(1990, S. 30 ff.) bieten als Konsequenz einen Vergleich von Persönlichkeitstrainings mit dem psychotherapeutischen Setting und leiten daraus ethische Voraussetzungen (Rahmenbedingungen, inhaltliche Gestaltung, Trainerpersönlichkeit) für diese Kurse ab.

Natürlich sollen Teilnehmer betrieblicher Weiterbildung nicht therapiert werden. Dennoch scheint es wichtig, nicht zuletzt auf Grund des Einsatzes vieler therapeutischer Verfahren sowie des oftmals emotional geladenen Lernprozesses, diese modellhaften Vorstellungen über „das, was da passiert" stärker in die Betrachtungen einzubeziehen. Erpenbeck (1994, S. 148 f.) stellt hierzu ein Phasenmodell des Wertewandels in den Kontext betrieblicher Weiterbildung. Er demonstriert damit einerseits, welche Schritte der Teilnehmer dabei durchlaufen kann (Reflexionsphase, Selbstreflexionsphase, Einwirkungsphase, Selbstorganisationsphase) und gibt damit andererseits Hinweise darauf, welche Art von Begleitung der Teilnehmer in entsprechenden Phasen braucht. Gerade für alternative, unkonventionelle Trainingsmethoden sind Faktoren des Settings immer wieder Ansatzpunkte für Kritik. Auch diese Meinungen sollen vor dem Hintergrund des individuellen Risikos persönlichkeitsorientierter Trainings hier vorgestellt werden.

2.5.5 Risiken persönlichkeitsorientierter Trainings

Ein Großteil der Literatur zu Persönlichkeitstrainings ist geprägt von sehr umstrittenen Meinungen zu diesen Kursen. Seelen-Striptease, Gehirnwäsche und „Der Verstand bleibt auf der Strecke" heißt es in einschlägigen Werken (Caberta et al. 1997, Schwertfeger 1997a,b, Thies 1996). Die Kritiken beziehen sich auf einzelne Verfahren, Rahmenbedingungen, Trainerqualifikationen oder Vertragsbedingungen. Häufig gelten gerade diejenigen Aspekte als kritisch und negativ, die in anderem Zusammenhang als positive Faktoren betrachtet wurden. Ob ein Mammutdesign eine positive Herausforderung oder schlichtweg ein erschöpfender Stressor ist, lässt sich oft nur im Einzelfall entscheiden, zusammenhängend mit der Lebensgeschichte, Seminarsituation und Seminargruppe entscheiden.

Die konstantesten und heftigsten Kritiken sind jedoch meist auf Kurse beschränkt, die ausdrücklich Persönlichkeitsveränderung versprechen und häufig als Erfolgs- bzw. Psychokurse gelten (vgl. Hemminger 1996). Besonders gefährlich seien, so Schwertfeger (1998, S. 47 ff.) systematische Manipulationen, bei denen das Selbstkonzept des Teilnehmers zunächst destabilisiert wird, um anschließend dessen Weltsicht radikal zu ändern und eine Uminterpretation der

Vergangenheit und der Wirklichkeit im Sinne des Veranstalters zu bewirken. Das Wesen der mentalen Umprogrammierung sei es, alles in einem schleichenden Prozess geschickt aufeinander abzustimmen. Der Teilnehmer sei im Prozess schon befangen und bemerke gar nicht mehr, was eigentlich passiert.

Die Auseinandersetzung mit dubiosen Angeboten ist schwierig. „Ein verrücktes Angebot kann sowohl Ausdruck eines hohen, die Organisation stimulierenden Innovationsniveaus sein, als auch Ausdruck dafür, dass jemand mit einer Mischung aus Modebegriffen, Heilsanmutungen und oberflächlich zusammengestoppelten Versatzstücken unterschiedlicher Theorien eine schnelle Mark machen möchte", schreibt Schneider (1994, S. 69) über Sinn und Unsinn der Weiterbildung. Wirksame Methoden können verwendet werden, um den Teilnehmern mehr Möglichkeiten zu geben, oder sie zum „konformen Ja-Sager zu machen", so Schwertfeger (1998, S. 56).

Es sollen einige Sichtweisen mit dem Fokus „Wann können diese Kurse gegebenenfalls zum Risiko werden?" und „Warum?" dargestellt werden.

Kurse zur Persönlichkeitsentwicklung	
Ziele:	**Gefahren:**
• verbesserte Kommunikations- und Führungskompetenz	• Realitätsverlust, untaugliche Kommunikationsformen, Erfolgsillusionen, Klientenkult
• verbesserte Motivation durch Kompetenzerlebnisse	• Motivationsverlust durch Egozentrik, Psychotrip
• Verbesserungen der privaten Beziehungen	• Labilität durch innerseelische Konflikte
Zu erreichen durch:	**Drohen durch:**
• fachlich abgesicherte psychologische Methoden	• nichtfachliche, abseitige oder einseitige Methoden
• qualifizierte Trainer	• unqualifizierte Trainer
• Schutz des Klienten vor zwangsweiser Veränderung, Selbstbestimmung und Achtung seiner Würde	• mangelnder Schutz vor Zwangsveränderung, bedrängende Methoden, seelische Abhängigkeit
• realistisches Welt- und Menschenbild, keine Ideologisierung	• unrealistisches Welt- und Menschenbild, starke Ideologisierung

Quelle: Hemminger 1996, S. 13

Abbildung 10: Risiken persönlichkeitsorientierter Trainings

Bevor einige Negativfaktoren gezielt herausgegriffen werden, soll das Thema wiederum mit Interviewaussagen der Voruntersuchung unterlegt werden. Die Interviewdaten ergaben für 22 % der Teilnehmer, dass sie während des Seminars kritische oder bedrohliche Situationen erlebten, obwohl der Kurs in der Gesamtheit als gut beurteilt wurde.

Genannte Schwerpunkte waren:

- Bedrohlichkeit, dass die eigene Biografie durchleuchtet wurde, obwohl es die Teilnehmer nicht wollten,
- körperliche Bedrohlichkeit bei Atemübungen (Mehrfachnennung),

- unangemessen empfundene Deutungen durch die Trainer,
- pathetische Aussagen: *"Um sich gegen alles Unheil zu wappnen, soll man bei Vollmond einen Hund schlachten und wenn's dann nicht klappt, war's der falsche Hund."*
- Konflikte zwischen vermittelter Erfolgsideologie und eigenen Werten.

Zwei Anrufer hatten besonders schlechte Erfahrungen gemacht. In einem Fall wurde von massiven Veränderungen des Teilnehmers und beunruhigenden familiären sowie finanziellen Auswirkungen berichtet. *"Mein Mann ist nicht mehr Herr seiner Sinne, er redet nur noch in Phrasen, wie ein computergesteuertes Gehirn und zerstört unsere gesamte Existenz. Der Seminarleiter sagte, der Kurs lege den wahren Menschen frei."* Die Aussagen stammen von der Frau des Teilnehmers. Bei massiven Veränderungen der Teilnehmer sind es meist die Angehörigen oder Kollegen, die Veränderungen bemerken und plötzlich vor einem anderen Menschen stehen (vgl. Schwertfeger 1998). Die Betroffenen selbst empfinden häufig große Euphorie und finden Bestätigung in der Gruppe, sodass die Veränderung nicht negativ bemerkt wird, im Gegenteil.

Versprechen und überzogene Erwartungen

„Viele Anbieter lassen keinen Zweifel daran, dass sie den Sinn- und Magiebedarf ihres Klienten im Blick haben" (Hemminger 1996, S. 10). Dass dieser Bedarf in der Bevölkerung vorhanden ist, hat auch Andritzky (1997) in seiner Studie über alternative Gesundheitskultur festgestellt. Er geht von einem generellen Paradigmenwechsel vom naturwissenschaftlich-rational geprägten Weltbild hin zu subkulturellen, individualisierten Glaubenssystemen aus.

Innerhalb der Werbeargumente finden sich verschiedene Versprechen, die zu hinterfragen sind:

a) Konkrete Erwartungen für den Alltag werden angesprochen.
b) Utopische Ziele für das Leben werden als erreichbar hingestellt.
c) Magische Erwartungen werden angesprochen.
d) Heilshoffnungen für das ganze Leben werden vor Augen geführt und zusätzlich wird versprochen, dass
e) alle Veränderungen in kürzester Zeit geschehen (vgl. Hemminger 1996).

Dabei gelten gerade Erwartungen als wesentliche Voraussetzungen für die Seminarwirksamkeit. Gewöhnlich wird empfohlen, die Teilnehmer durch Vorgespräche oder Einführungen auf das Seminar einzustimmen. Die oben genannten Erwartungen können in dieser Form, ob mit oder ohne Vorgespräch, kaum oder überhaupt nicht erfüllt werden. Damit geschieht eigentlich ganz Logisches am Ende des Seminars: entweder der Teilnehmer wendet sich lediglich enttäuscht von dieser Art Kurs ab (*Selbsterfahrungskokolores*) oder es entsteht der Wunsch nach more of the same (*"Eigentlich bin ich schon eine recht starke Persönlichkeit, aber dass es mir immer noch nicht gelingt, alles richtig zu machen, das ist schon frustrierend", so ein Teilnehmer*). Gerade bei unkonventionellen, neuen Methoden, über die der Einzelne wenig weiß, kann eine kritische, zweifelnde Einstellung des Teilnehmers durchaus vorhanden sein. Es kann jedoch unter Umständen nichts nützen, da man sich immer auf einer Gratwanderung bewegt: lässt man sich nicht ein, kann man das Positive nicht erfahren (so wird gesagt) und tut man es doch, kann schnell der kritische Blick verloren gehen. In Zusammenhang mit Trainer- oder Gruppeninterpretationen wie, „einfach nicht genug an sich gearbeitet zu haben", kann damit eine Endlosschleife entstehen, mit radikaler Umstrukturierung des Lebens und der Suche nach immer neuer Selbsterfahrung und Lebenssinn. Man spricht vom Phänomen des Psycho-Swingers.

Das Setting als kritische Wirkkomponente

Eine Auflistung von nicht empfehlenswerten Methoden halten selbst Kritiker nicht für möglich (vgl. Hemminger 1996, Schwertfeger 1998), vielmehr könne ein verbraucherschutzzentrierter Ansatz nur insofern entstehen, dass einerseits genügend Informationen zugänglich gemacht werden und andererseits der Verbraucher selbst die Möglichkeit hat, bestimmte, als problematisch eingestufte Kriterien des Settings, für das jeweilige Angebot zu hinterfragen. Hemminger (1996) zählt dazu Folgende (eingefügt sind Teilnehmeraussagen aus der Voruntersuchung):

- Mangel an Schlaf und Nahrung sowie riesige Arbeitspensen können die Fähigkeit zur Selbstbehauptung und Kritikfähigkeit vermindern.

- Mit verschiedenen Vorgehensweisen (Abkanzeln, autoritäre Führung...) können die Teilnehmer in emotionale Krisen getrieben werden, die die bisherige Persönlichkeitsstruktur destabilisieren.

- Mühen und Schwierigkeiten werden von stark positiven und energiespendenden Erlebnissen vor allem am Ende des Kurses abgelöst (*"Das Dumme war, als mein Mann wiederkam, ging es ihm eigentlich so gut wie nie zuvor, er war völlig euphorisch"*).

- Bei Distanzierungen von der Gruppe kann aus einem positiven Wir-Gefühl enormer Gruppendruck entstehen und damit Ängste provoziert werden beziehungsweise Widerstände gebrochen werden.

- Starke, vor Kursbeginn erzeugte Veränderungseuphorie macht Teilnehmer empfänglicher und wird durch oftmals verblüffende oder erschütternde Erlebnisse im Kurs aufrecht erhalten (beispielsweise rituelle Elemente:*„Es war eine so hohe Erwartungsspannung, denn er sagte, wenn sich etwas an eurem Leben verändert, dann an diesem Versöhnungsfelsen"*). Dabei können tiefgreifende Gefühle und frühere Konflikte ausgelöst werden, die einer längerfristigen Begleitung und Aufarbeitung bedürfen*(„Einer ist durch sehr starke emotionale Erlebnisse in die Krise gekommen, das lag aber an dem Teilnehmer, der war vorher schon in Therapie")*.

- Einzelne Methoden, insbesondere kathartische Techniken oder Trance-Techniken (Atemformen, Meditationsformen) bergen Gefahrenpotenziale in sich (emotionale Ausbrüche oder persönliche Entwürdigung).*("Beispielsweise stundenlange Atemübungen, die haben wir also so leichtsinnig gemacht, dass drei oder vier Frauen bald abgeklappt sind")*.

Erfolgsideologien und Glaubenssätze

> The gurus all preach the same seductive message: that we achieve far less than we are capable of achieving; and that we can close the gap between promise and achievement if we understand ourselves, set appropriate goals, remove inner blockages, and transform fear into strength. They also preach the message in more or less the same ways. (Micklethwait & Wooldridge 1996, S. 312)

Persönlichkeitsentwicklung ist - im Gegensatz zu rein handlungsorientiertem kognitivem Fertigkeitserwerb - ohne den Einfluss auf Werte und Sinnfragen kaum denkbar (vgl. auch Empowerment-Modell; vgl. Abbildung 7).Das bedeutet, mit der Arbeit an derartig wichtigen Strukturen eines Individuums ist besondere Ethik gefragt. Die kritische Frage dabei ist, aus welchen Quellen die vermittelten Ideologien,[7] Werte, Haltungen kommen und mit welchem Nachdruck (oder Druck) sie an die Teilnehmer weitergegeben werden und damit möglicherweise zu individuellen Konflikten führen.

---

7 Ideologie wird hier weiter gefasst und im Sinne von konkret vermittelten Sichtweisen, Einstellungen und Werten verstanden.

Hemminger (1996, S. 27 ff.) nennt zwei unterschiedliche Typen von Kursideologien, die kritisch hinterfragt werden sollten:

a) Erfolgs-Ideologie: Persönlicher Erfolg gilt als wichtigstes Lebensziel und damit wird alles andere der Selbstverwirklichung, einem selbstbestimmtem Lebensinhalt oder hohem Einkommen untergeordnet;

b) religiöse, pseudoreligiöse oder esoterische Ideologien von Mensch und Welt.

Kapitalistische Erfolgsideologien

Innerhalb dieser Haltungen werden Grundzüge der humanistischen Psychologie – wie Selbstverantwortung und Selbstbestimmung – in stark verkürzter, individualisierter und banalisierter Form weitergegeben. Ursprüngliche Ausgangspunkte waren das Ziel nach aktiverer Kontrolle und neuen Handlungsmöglichkeiten gegenüber der eigenen Umwelt. Inzwischen ist dieses Ziel vielfach verschoben und kann damit unmittelbar kritische Einflüsse auf die Teilnehmer haben. Eine Teilnehmerin beschrieb folgende Botschaften dazu: *„Ich richte mein ganzes Leben von nun an auf Erfolg aus, sagte er, und dazu gibt es hier im Seminar für jeden maßgeschneiderte Lösungen. Es war ein kapitalismuskonformes Konzept, mit Geld als dem höchsten Wert, einem egozentrischen Weltbild und ganz schwacher sozialer Komponente. Jetzt will ich wissen, was ich von dem Seminar übernehmen kann, ohne meine Werte zu vergessen."*

„Die Ideologie der Erfolgskurse, so scheint es, ist für Menschen gemacht, die niemand anders wirklich brauchen, die nie krank werden und nicht sterben", schreibt Hemminger (1996, S. 28). Ist das ein Ergebnis der zunehmenden Individualisierung der Gesellschaft? Wird das Ziel, Beruf, Familie und Freizeit sinnvoll zu integrieren, so realisiert, dass einfach alles, was dem Erfolg im Wege steht, als unnötiger Ballast abgeworfen wird?

Spirituelle Erfolgsideologien

Die meisten Kurse dieser Art bieten Orientierungen an, die über den innerweltlichen Erfolg hinausgehen, es geht dabei um Transformationen des Bewusstseins, Aufarbeitung karmischer Verstrickungen und anderes mehr.

> Lassen Sie sich begleiten ins Epizentrum Ihrer individuellen Möglichkeiten. Dies ist die intensivste Form des Trainings. Manager und Unternehmen, die ins Coaching kommen, ahnen, dass die höchste Stufe der persönlichen Entwicklung noch bevorsteht. Es gibt eine große Bestimmung für jeden auf diesem Planeten. Die zu

finden und die Energien freizusetzen, darum geht es. Um das zu erreichen, genügen hierbei herkömmliche Methoden nicht. Coaching bedient sich deshalb einiger ungewöhnlicher Verfahren: Radionische Analyse und Balancierung, Außerordentliche Psychologie, Persuasion Engineering, Symbolik und Mystik, Alpha-Training (Anbietermaterial).

Die weltanschaulichen Quellen, aus denen die Anbieter schöpfen, sind verschieden. Unter anderem spielt das Positive Denken[8] eine Rolle, die New-Age-Bewegung oder fernöstliche Lehren und Religionen (Buddhismus, Hinduismus) sowie naturreligiöse Traditionen (Schamanismus, Feuerlauf, etc.). Nur selten wird dabei echte religiöse oder philosophische Bildung betrieben, vielmehr werden einzelne Elemente und Anschauungen theoretisch genutzt, um alltägliche Begebenheiten zu erklären, Sinn und Handlungszuversicht zu vermitteln beziehungsweise praktisch ein erfolgreicheres Leben zu führen (vgl. Hemminger 1996, S. 30 ff.).

Aus systemischer Sicht bieten sich auch hier Ansatzpunkte für mögliche Negativfolgen: Konflikte in Partnerschaft und Familie können auftreten, denn die anderen sind noch nicht bekehrt *("Nachts stand er auf und wollte die Gehirne unserer Kinder auf bessere Schulleistungen umpolen." Ehefrau eines Teilnehmers)*. Mit fast missionarischem Bewusstsein werden neue Teilnehmer geworben. Das Alltagsleben nach dem Kurs wird stark erschwert, da die Kurseuphorie dieses nun entwertet.

Damit ergeben sich einerseits Konsequenzen für eine ganze Gesellschaft, deren Werte und Einstellungen zur Familie, zu Leistung und Verantwortung. Andererseits ergeben sich ethische Fragen an Persönlichkeitstrainings. In der weiteren Forschung wäre es interessant, diese Entwicklung im Zusammenhang mit Wertewandel, postmoderner Gesellschaft und zwar sowohl unternehmenstypischen als auch familiären Veränderungen anzuschauen.

2.5.6 Sense und Nonsense auf dem Markt für Persönlichkeitstrainings

Warum haben diese Anbieter überhaupt Zuspruch und können sich auf dem Markt etablieren? „Why contains such a discipline so much sense and nonsense as well?", fragen Micklethwait und Wooldridge (1996) in ihrem Buch The Witch Doctors.

---

8 Aus der Neugeistbewegung hervorgegangen und zwischen Pseudowissenschaft, Esoterik und Spiritualismus einzustufen (Gasper, Müller & Valentin 1990).

Sind manche dieser Trainings eine Modeerscheinung oder befriedigen sie die hohe Nachfrage im Sinne von „je verrückter, desto besser"? Wer nimmt diese dubiosen Angebote überhaupt wahr, zumal doch gerade Führungskräfte analytisch, kritisch hinterfragend und sachlich-logisch an die meisten ihrer Aufgaben herangehen. Tun sie das auch bei so genannten Erfolgskursen?

Andritzky (1997) findet in einer Studie zum alternativen Gesundheitssystem Deutschlands, dass die Auswahl spiritueller Kurse am besten durch ein psychospirituelles Weltbild der Teilnehmer zu begründen ist - gegenüber einem materialistischem Weltbild bei der Auswahl konventioneller Kurse. Insgesamt seien magisch-religiöse Glaubensmuster sowohl in Amerika als auch in Deutschland recht weit verbreitet. Er geht auf Grund seiner Daten sogar von einem generellen Wandel des naturwissenschaftlich-rational geprägten Weltbildes hin zu subkulturellen, individualisierten Glaubenssystemen aus. Auch im wirtschaftlichen Rahmen häufen sich Veröffentlichungen zu neuen Denkrichtungen und Wirtschaftsphilosophien (Zen, Spiritualität...).

Eine andere Begründung für die Teilnahme an zum Teil dubiosen Kursen kann auch in der nicht zu unterschätzenden Leistungs- und Leidensbereitschaft gerade jüngerer Führungskräfte liegen, wenn sie nur davon überzeugt sind, dass die entsprechende Methode zum Erfolg führt (vgl. Caberta et al., 1997).

Warum aber halten sich so viele, auch dubiose Anbieter erfolgreich auf dem Markt? Micklethwait und Wooldridge (1996) liefern dazu einen weiter gefassten Erklärungssatz. Sie verfolgten in einem Überblick die Entwicklung der Managementindustrie und betten die Kursangebote damit in einen generell kommerziellen Rahmen ein.

Ihre Schlussfolgerungen sind folgende:

> Even a brief encounter with the world of management industry leaves two immediate impressions. The first is of enormous commercial success. The second is that management industry is a mishmash. (Micklethwait & Wooldridge 1996, S. 321)

Das Ganze gelte als System, beinahe immun gegen ökonomische Zyklen. Beratungsfirmen, Business-Schulen, business gurus und Organisationen bedingen Bedarf und Anwendung wechselseitig, sodass eine regelrechte Marketing-Maschinerie entstehe. Und dennoch, für den Verkauf braucht man Nachfrage und Qualität. Wo liegt ihre Erklärung für die Nachfrager? Wie lässt sich die Dubiosität vieler Angebote erklären?

Drei wesentliche Gründe werden genannt:

a) Die Disziplin selbst sei sehr jung und biete damit viel Entwicklungsspielraum, natürlich auch für sämtliche alternativ-unkonventionellen Angebote. Für neue Angebote gebe es kaum Barrieren und der große Erfolg, der auf diesem Markt möglich ist, wirke geradezu magnetisch auf Scharlatane.

b) Die Angst in den höheren Führungsetagen (vgl. Gross 1997) biete eine große, bisher kaum bedachte Verkaufs- und Wirkungsgrundlage: „...management theory's audience demands instant solutions. Anxious managers grasp at management literature as a panacea for all their worries. Many firms turn to management theory only when they are desperate." (Micklethwait & Wooldridge 1996, S. 324)

c) Diese Ängste wiederum würden von vielen Anbietern selbst hervorgerufen und gepflegt. Sie prophezeien unsichere Zeiten und bieten dafür entsprechende Lösungen - satisfaction guaranteed. Es wird versprochen, dass es für alle komplexen Dinge der Welt ganz einfache Antworten gebe, die zu befolgen, es sich lohne. Damit stelle jedes Buch oder Seminar dieser Art letzten Endes einfach eine große Quelle der Sicherheit für den Manager dar.

Obwohl dieser Ansatz für amerikanische Verhältnisse gilt, dürften viele Punkte daraus ebenso fruchtbar für eine Diskussion deutscher Verhältnisse sein (vgl. Gairing 1996), nicht nur, weil amerikanische Gurus wie Anthony Robbins inzwischen auch in Deutschland große Veranstaltungen durchführen.

2.5.7 Zusammenfassung und Schlussfolgerungen

Mit dem Augenmerk auf Wirkfaktoren von Persönlichkeitstrainings wurde auf persönlichen Nutzen wie auch mögliche Risiken eingegangen. Gerade die Vermischung von Psychotherapie und Fortbildung lassen insgesamt die Trainings nicht nur positiv erscheinen, sondern erfordern bei tief greifender Arbeit an der Person besonders verantwortungsvollen Umgang. Deutlich wurde für die Evaluation, dass einerseits Konzepte aus anderen Forschungsrichtungen (wie das Modell von Grawe et al. 1994) fruchtbare Ergänzungen zur bisherigen Seminarforschung darstellen können, und dass andererseits eine Auseinandersetzung mit dubiosen Angeboten nicht auf ein paar wenige negative Einzelfälle beschränkt bleiben kann.

Die in der Presse angesichts der kritischen Blickwinkel erhobenen Forderungen nach Schwarzen Listen tragen durchaus die Gefahr in sich, dass einige wichtige Punkte einfach übersehen werden. Vor diesem Hintergrund sollte auch eine Auseinandersetzung mit der Kritikerszene denkbar sein. Leicht kann ein verzerrtes Bild entstehen und alles Weitere wird im Sinne „nur eine schlechte Nachricht, ist eine gute Nachricht" wahrgenommen und in der Presse berichtet.

Micklethwait und Wooldridge (1996, S. 324) meinen generell: „but, ... even the best theorists tend to be hit and miss, and even the worst ones have something to say."

3 Empirischer Rahmen

Innerhalb des theoretischen Teils dieser Arbeit wurden verschiedene Aspekte zum Gegenstand ‚Persönlichkeitstrainings' ausgeführt. Nachfolgend wird die Problemstellung der Hauptuntersuchung kurz zusammengefasst, um anschließend ausführlich mit dem empirischen Rahmen fortzufahren.

> Wem Geld fehlt, der kann sich welches leihen. Wer einen schlechten Standort hat, kann ihn wechseln. Wer nicht produziert, kann zukaufen. Wenn die Führung mangelhaft ist, hat man jedoch geringe Überlebenschancen. (Barrois 1994, S. 328)

3.1 Problemstellung

Unternehmen nutzen Investitionen auf dem Gebiet der Human Ressourcen in die Potenziale von Führungskräften und Mitarbeitern, um trotz neuer Anforderungen von innen und außen marktfähig zu bleiben. Zu den Veränderungen außen zählen unter anderem Verknappung der Ressourcen, Dynamisierung und Komplexität der Umwelt. Zu den inneren Herausforderungen gehören mangelnde Identifikation und Sinnstiftung in der Organisation, neue Werte und Einstellungen der Mitarbeiter, wachsende Konflikte zwischen einzelnen Organisationseinheiten. Gefordert wird jetzt der ganze Mensch mit allen seinen sozialen Fähigkeiten, Intuition und Einfühlungsvermögen, also Eigenschaften, die über Fachwissen hinausgehen. Auch die Einzelperson als Führungskraft oder Mitarbeiter weiß, wie stark persönliche Faktoren Leistung hemmen beziehungsweise bei entsprechender Entfaltung fördern können. So gaben in einer Umfrage bei 2882 Mitarbeitern von verschiedenen Unternehmen über zwei Drittel der Befragten an, dass Faktoren wie Unsicherheit, innere Unruhe, Angst, Sinnentleerung der Arbeit oder Kommunikationsprobleme ihre Arbeit hemmen (Barrois 1994, S. 325).

Vor diesem Hintergrund haben persönlichkeitsorientierte Interventionsmaßnahmen, so genannte Persönlichkeitstrainings, einerseits für Unternehmen und andererseits für das Individuum an Interesse gewonnen. Der entstandene Markt ist dynamisch und intransparent. Sowohl Marktforschungen als auch wissenschaftliche Evaluationsstudien, die der Frage nachgehen wollen, inwiefern diese Trainings tatsächlich zu den angestrebten Verbesserungen führen, beschränken sich bisher auf wenige Beispiele (vgl. Kapitel 2.5). Für den Kunden gilt noch immer die große Nachfrage als Kriterium für den Erfolg des Angebotes.

Mit der vorliegenden Untersuchung sollen auf breiter Basis Erfahrungen mit Persönlichkeitstrainings erfasst werden, um das Wirkungsspektrum dieser Trainings eruieren zu können und diesen Markt transparenter zu gestalten. So kann sich die Lücke zwischen verbreiteter Anwendung und der Nutzenfrage verringern. Die Studie hat vorwiegend explorativen Charakter. Es geht nicht um eine Erfolgskontrolle im engeren Sinne, sondern um die Aufstellung eines Netzwerks an Kriterien für die Evaluation (vgl. Neuberger 1994). Deshalb wurde zunächst auf eine umfangreiche Stichprobe Wert gelegt, um in zukünftigen Untersuchungen anhand dieser Ergebnisse und der ableitbaren Hypothesen genauer einzelne Seminare oder Interventionsmaßnahmen hinterfragen zu können.

Mit dem Untersuchungsfokus Transparenz und den daraus resultierenden Möglichkeiten der Steuerung und Optimierung nachfolgender Persönlichkeitsentwicklungsmaßnahmen und Evaluationsinstrumente fügt sich die Untersuchung in die wesentlichen Aufgaben der Evaluation, nämlich Transparenz, Steuerung und Optimierung (vgl. Götz 1998a) ein.

3.2 Fragestellung und Hypothesen

Den Fragestellungen liegt das Modell von Bronner und Schröder (1983, S. 181) zu Bedingungen des Lernerfolgs in Seminaren zu Grunde (Abbildung 11). Es wird davon ausgegangen, dass der Lernprozess im Seminar durch verschiedene Variablen beeinflusst wird, die zum direkten Lernerfolg beitragen. Gleichzeitig wird auf Zusammenhänge zwischen den einzelnen Faktoren sowie zwischen Lernerfolg und Wirkfaktoren hingewiesen. Um die praktische Verwertbarkeit der Ergebnisse zu erhöhen und gleichzeitig dem Kontext gerecht zu werden, in welchem sich Lernergebnisse von Seminaren gewissermaßen erst bewähren müssen, wurde das Modell um die Komponente des Lerntransfers und der Transferhindernisse erweitert. Auch Kontextzusammenhänge aufseiten der Teilnehmer wurden neu einbezogen.

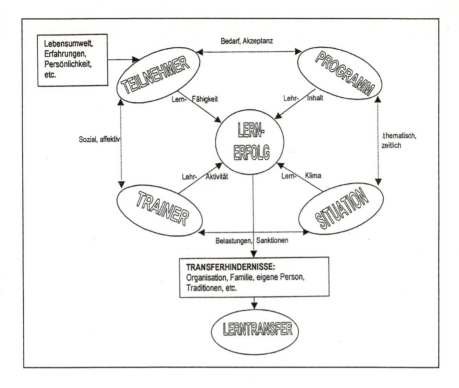

Abbildung 11: Bestimmungsfaktoren des Lernerfolges (in Anlehnung an Bronner und Schröder 1983, S. 181)

Soll es um Transparenz des Marktes für Persönlichkeitstrainings sowie um das Wirkungsspektrum dieser Maßnahmen gehen, so ergeben sich zur Umsetzung des Untersuchungsziels zwei allgemeine Fragestellungen:

a) Wodurch sind einzelne Bedingungsfaktoren der Seminare, der Lernerfolg sowie der Lerntransfer von Persönlichkeitstrainings gekennzeichnet? Es geht hier zunächst um das Sichtbarmachen der Struktur sowie die stichprobenmäßige Verteilung einzelner Variablen (deskriptiver Teil).

b) Gibt es Zusammenhänge zwischen einzelnen Bedingungsfaktoren und dem subjektiv wahrgenommenen Lerntransfer? (Prüfung der Hypothesen)

Zur Prüfung der Fragestellungen wurden folgende Variablen operationalisiert:

Bedingungsvariablen	Ergebnisvariablen	
Teilnehmer	**Lernerfolg**	**Lerntransfer**
Bisherige Seminarerfahrung, Erwartungen/Ziele, Persönlichkeitsvariablen, demographische Daten	Happiness-Index (Zufriedenheit, Weiterempfehlung), Veränderungsimpulse, positive und risikovolle Details	Nutzen für einzelne Perspektiven, Auswirkungen und Veränderungen, Transferhindernisse
Programm		
Veranstaltungsform, Interventionstechniken		
Situation		
Rahmenbedingungen		
Trainer		
Kompetenz, Sympathie, Teilnehmerorientierung		
Zusätzlich: subjektive Wirksamkeitskriterien, zukünftiger Weiterbildungsbedarf („Wunschmaßnahmen")		

Abbildung 12: Variablen der Untersuchung

Als spezielle Fragestellungen für den deskriptiven Teil ergeben sich damit:

1. In welchem Setting finden Persönlichkeitstrainings statt? (Wie werden wesentliche Rahmenbedingungen und Trainereigenschaften eingeschätzt?)
2. Welche subjektiven Erwartungen und Zielvorstellungen an die Seminare bestehen bei den Teilnehmern?
3. Welche psychologischen Interventionsmaßnahmen werden eingesetzt? (Wie nützlich werden die einzelnen Verfahren von den Teilnehmern eingeschätzt?)

4. Wie zufrieden äußern sich die Teilnehmer über die Seminare?
5. Welcher subjektive Nutzen aus unterschiedlichen Perspektiven (Beruf, private Beziehungen, eigene Persönlichkeit) wird berichtet?
6. Welche subjektiven Veränderungen und Auswirkungen entstehen in verschiedenen Bereichen der eigenen Person?
7. Welche wichtigen Botschaften und Impulse haben diese Veränderungen unterstützt?
8. Wo liegen subjektive Transferhindernisse für die Umsetzung des Gelernten?
9. Welche Kriterien werden vom Teilnehmer als wesentlich für die Wirksamkeit derartiger Seminare angesehen? (Welche positiven bzw. negativen Details während des Seminars werden berichtet?)
10. Welche Maßnahmen zur Persönlichkeitsentwicklung stellen sich die Teilnehmer zukünftig vor?

Als eine Hypothese für den Zusammenhang von Bedingungsfaktoren und Lerntransfer wurde auf Grund der Ergebnisse der Voruntersuchung sowie der Literatur vermutet, dass es einen Zusammenhang zwischen dem subjektiv wahrgenommenen Lerntransfer und den Persönlichkeitsmerkmalen des Teilnehmers gibt. Im Rahmen der Persönlichkeitsentwicklung muss von stark selbsterfahrungsbezogenen Seminarinhalten ausgegangen werden. Persönlichkeitsstruktur und verhaltensorientierte Faktoren sind damit Einflussgrößen, die dort im Gegensatz zu eher inhaltsorientierter Weiterbildung an Bedeutung gewinnen. Gezielte Untersuchungen über Art und Ausmaß des Einflusses der Persönlichkeit auf Auswirkungen derartiger Seminare gibt es bisher nicht. Erste Ansätze machen Micklethwait und Wooldridge (1996), die davon ausgehen, dass vor allem Personen mit hoher Verantwortung und hoher Ambiguität im Alltag von der Vermittlung einfacher Lösungen und Glaubenssätze (beispielsweise Botschaften wie „Zehn goldene Regeln für Gewinner", „Wenn es dir selbst gut geht, geht es auch anderen gut") profitieren. Dann nämlich, so die Autoren, dienen viele Persönlichkeitstrainings im Wesentlichen dazu, Unsicherheit und Dissonanzempfinden der Teilnehmer sowie die Komplexität der Welt durch einfache Lösungen zu reduzieren.

Es leitet sich folgende erste Hypothese ab:

> **Hypothese 1:** Es besteht ein Zusammenhang zwischen den subjektiv wahrgenommenen Auswirkungen (Lerntransfer) durch die Teilnehmer(innen) und dessen/deren Persönlichkeitsmerkmalen.

Als Grundlage für eine zweite Hypothese dient das erweiterte Modell von Bronner und Schröder (1983). Verschiedene Seminarkomponenten wie Seminaratmosphäre, Teilnehmerzusammensetzung, Veranstaltungsablauf, Ego-Involvement sowie Trainermerkmale sind demnach wesentlich verantwortlich für Lernerfolg und Lerntransfer. Ein Beispiel ist die persönliche Involvierung des Teilnehmers, wonach vermutet wird, dass es gerade für Persönlichkeitstrainings entscheidend ist, die individuellen Vorstellungen beziehungsweise Problemstellungen der Teilnehmer in Seminarinhalte zu integrieren.

Die zweite Hypothese lautet deshalb:

> **Hypothese 2:** Es besteht ein Zusammenhang zwischen wesentlichen Seminarkomponenten wie Seminaratmosphäre, Teilnehmerzusammensetzung, Veranstaltungsablauf, Ego-Involvement sowie Trainermerkmalen (Kompetenz, Sympathie, Teilnehmerorientierung) und den subjektiv wahrgenommenen Auswirkungen durch das Seminar (Lerntransfer).

3.3 Methode

3.3.1 Erhebungsinstrument

Um Datenmaterial zur Beantwortung der Fragestellung zu erheben, wurde die Methode der schriftlichen Befragung gewählt. Es wurde dazu ein halbstandardisierter Fragebogen (siehe Anhang) konzipiert.

Als so genanntes Persönlichkeitstraining wurde für die vorliegende Untersuchung definiert: *Als Persönlichkeitstrainings gelten Seminare bzw. Trainings, bei denen der Teilnehmer das Gefühl hatte, dass unmittelbar oder mittelbar Einfluss auf seine Persönlichkeit genommen worden ist.*

Durch Hinzuziehung des subjektiven Eindruckes des Teilnehmers als Entscheidungskriterium soll der großen Variabilität dieser Trainings Rechnung getragen werden. Der Offenheit gegenüber vielfältigen Erfahrungen wurde dabei Vorzug gegeben gegenüber größerer Standardisierung hinsichtlich einzelner Verfahren, Verhaltens- oder Einstellungsänderungen.

Bei der Konstruktion des Fragebogens wurde in mehreren Schritten vorgegangen:

a) Aus den Interviews der Voruntersuchung, Werbeprospekten von Anbietern sowie einschlägiger Literatur wurden inhaltsanalytisch für die Studie relevante Aspekte und Fragestellungen ausgesucht.

b) Vor dem Hintergrund des oben dargestellten theoretischen Modells wurden Variablen definiert und durch entsprechende Items operationalisiert.

c) Weiterbildungsverantwortliche, Trainer und Seminarleiter wurden nach zusätzlich relevanten Items befragt.

d) Die auf diese Weise zusammengestellten Fragen wurden einem Expertenrating unterzogen. Weiterbildungsexperten, ehemalige Teilnehmer und Mitarbeiter der Projektgruppe Persönlichkeitsentwicklung im Management prüften die Fragen bezüglich Länge, Verständlichkeit und Semantik und formulierten sie bei Bedarf um.

e) Der so entwickelte Fragebogen wurde in einer Voruntersuchung von Studenten eines Teamentwicklungstrainings kritisch gesichtet und daraufhin in seine Endfassung gebracht.

Der Fragebogen erfasst sowohl qualitative als auch quantitative Daten. Eine Kombination dieser Erhebungstechniken gilt in der Literatur inzwischen als legitim. Nork (1991, S. 73) schreibt dazu beispielsweise:

> ... eine Verwendung sollte nicht auf ein ‚Entweder-oder' beschränkt werden, sondern der Forschungssituation angepasst werden.

Im vorliegenden Falle ermöglichen die qualitativen Passagen einen gezielteren Einblick in inhaltliche Punkte des Seminars beziehungsweise die Validierung quantitativer, die subjektive Wirksamkeit betreffende Daten.

Die einzelnen Aspekte des zu Grunde liegenden Modells (vgl. Abbildung 11) wurden im Fragebogen folgendermaßen operationalisiert (vgl. Anhang).[9]

Teilnehmer:
- (vorangegangene) Seminarerfahrung (Fragen 1-2)
- Erwartungen / Ziele (Frage 9)
- Persönlichkeitsvariablen (Abschnitt: Fragen zu Lebenseinstellung und Persönlichkeit 42 Items)
- demographische Daten (Abschnitt: Fragen zur Person 1-10)

Programm:
- Veranstaltungsform (Fragen 3-4)
- Art der psychologischen Interventionsmethode und empfundener Nutzen (Frage 14)

Situation:
- Veranstaltungsablauf (Frage 10)
- Rahmenbedingungen (Fragen 5-8 und 11-12)
- Ego-Involvement durch das Programm (Frage 13)

Trainer:
- Kompetenz, Sympathie, Teilnehmerorientierung (Fragen 15-16)

Lernerfolg:
- subjektiv positiv bzw. risikovoll empfundene Seminardetails (Fragen 17-19)
- Zufriedenheits- und Weiterempfehlungsindex (Frage 21 und 26)
- Veränderungsimpulse (Frage 22)

Lerntransfer:
- subjektiv empfundener Nutzen bezüglich einzelner Perspektiven (Frage 20)
- subjektiv empfundene Auswirkungen und Veränderungen (Frage 23)
- Transferhindernisse (Frage 24)

zusätzlich:
- subjektive Kriterien der Wirksamkeit (Frage 25)
- zukünftiger Weiterbildungsbedarf (Frage 27)

---

9 Dazu wurden Hinweise aus der Literatur (Bronner & Schröder 1983, Nork 1991) sowie für die Untersuchung modifizierte Variablen aus anderen Evaluationsinstrumenten hinzugezogen (vgl. Götz 1998b).

Da mit der vorliegenden Studie Lernerfolg nicht wie üblich anhand einzelner aus Programmzielen entwickelter Kriterien erfasst werden kann[10], liegt der Fokus eher auf einer transferorientierten Erfassung von subjektiven Veränderungen und Auswirkungen.

Für die Erfassung einzelner Persönlichkeitsvariablen in Bezug auf Auswirkungen von Persönlichkeitstrainings sind bislang kaum Studien bekannt. Aus diesem Grund wurden zur Auswahl sinnvoller Persönlichkeitsdimensionen zwei Überlegungen herangezogen:

a) es sollten Dimensionen sein, die in der Literatur als für Führungskräfte typische Karriereeigenschaften angegeben werden,

b) es sollten weiterhin solche Dimensionen sein, die von Personalentwicklern häufig als zu gering entwickelt gelten oder auch bei Negativausprägung zu persönlichen Leistungs- und Zufriedenheitseinbußen führen können und damit häufig auch Ziel von Persönlichkeitsseminaren sind (vgl. Barrois 1996, Gross 1997, Sogunro 1997, Streich 1997b).

Vor diesem Hintergrund wurden acht Skalen ausgewählt: Die Items für die Skalen Dominanz und Succorance (soziales Anlehnungsbedürfnis) entstammen der Deutschen Personality Research Form (Stumpf, Angleitner, Wieck, Jackson & Beloch-Till 1985). Die weiteren Skalen (siehe Aufzählung unten) entstammen den Skalen zur psychischen Gesundheit (Tönnis, Plöhn & Krippendorf 1996).

- Dominanz (versucht, andere Leute zu beeinflussen; gefällt sich in der Rolle des Anführers) (Items 1-5)
- soziales Anlehnungsbedürfnis/Succorance (sucht häufig Rat, Hilfe durch andere; vertraut leicht Schwierigkeiten verständnisvollen Personen an) (Items 6-11)
- Lebensbejahung (Optimismus, Lebensmut, Hoffnung, Bejahung der eigenen Persönlichkeit) (Items 12-17)
- Willensstärke (Selbstbehauptung, Durchsetzungsvermögen, Beherrschung, Durchhaltevermögen, Entscheidungsfähigkeit, Selbstakzeptanz) (Items 18-23)
- Autonomie (Selbstverantwortlichkeit, Selbstsicherheit, unabhängig von gesellschaftlichen Normen) (Items 24-30)
- Selbstreflexion (Selbstauseinandersetzung, bewusstes Leben, realistische

---

10 Es handelt sich nicht um eine konkrete Maßnahme, deshalb kann auch nicht von der Operationalisierung konkreter Meßkriterien für Lernerfolg ausgegangen werden.

Selbsteinschätzung, dynamisches Selbstkonzept) (Items 31-34)
- Sinnfindung (Orientierung an Lebenswerten, Selbstverwirklichung, innerer Halt, innere Gelassenheit, Offenheit für Erfahrungen, intensives Lebensgefühl, konstruktive Bewältigung von Leid) (Items 35-38)
- Soziale Integration (intakte Sozialbeziehungen, soziales Engagement, Einfühlungsvermögen, Unbefangenheit im mitmenschlichen Umgang) (Items 39-42).

Die einzelnen Persönlichkeitsskalen sind innerhalb der Ursprungstests empirisch geprüft und statistisch validiert. Beispielsweise gelten die Skalen Autonomie, Willensstärke, Lebensbejahung, Selbstreflexion und Sinnfindung als grundlegend für den Faktor geistig-seelisches Wohlbefinden. Dieser stellt eine wesentliche Komponente psychischer Gesundheit dar (Tönnis et al. 1996) und könnte damit deutliche Auswirkungen auf Leistung und Erfolg von Führungskräften haben.

Da aus Gründen der Unangemessenheit einzelner Items für unsere Fragestellung sowie der besseren Bearbeitung des Fragebogens die Skalen nicht komplett übernommen werden konnten, wurden nur die trennschärfsten Items verwendet. So können sich aus der Untersuchung lediglich Tendenzen einzelner Persönlichkeitsmerkmale ergeben, was bei der Auswertung und Interpretation der Daten zu beachten ist.

Die Mess-Skala innerhalb des gesamten Fragebogens wurde entsprechend den einzelnen Variablen unterschiedlich konstruiert. Der größte Teil der Items wurde mit einer vierteiligen Skala abgestuft, bei denen der Teilnehmer die Aussage mit ja, eher ja, eher nein oder nein einschätzen musste. Innerhalb der Persönlichkeitsskalen entspricht dies zum Teil deren Originalskala. Lediglich die beiden Skalen Dominanz und soziales Anlehnungsbedürfnis aus der PRF wurden dieser Skala angepasst, entgegen der zweistufigen Originalskala. Fragen zur Einschätzung von Seminarbedingungen (10-13) und dem Trainer (16) wurden mit dem Ziel der größeren Differenzierbarkeit mit der sechsstufigen Notenskala skaliert. Andere Fragen, bei denen es um Feststellungen ging (1, 3, 4, 7, 26, 27, demographische Items), wurden entweder mit ja / nein kodiert oder es wurden mehrere Vorgaben gemacht, bei denen das jeweils Zutreffende anzukreuzen war (Mehrfachantworten möglich). Zusätzlich zu den quantitativen Daten wurden, wie bereits erwähnt, auch qualitative Daten erfasst, bei denen die Antwortmöglichkeit völlig offen war (22) oder in Vervollständigung eines Satzes bestand.

Zusammenfassend lässt sich für das methodische Instrumentarium sagen: Nach den Kategorisierungsrichtlinien der Evaluationsmethoden von McGehee und Thayer (1961, nach Nork 1991, S. 69) ist die verwendete Erhebungsmethode wie folgt einzustufen:

- subjektiv (Meinungen der Teilnehmer werden erfasst),
- direkt (Teilnehmer selbst werden befragt),
- abschließend oder ultimate (erst im Anschluss an das Training befragt; sogar zeitverzögert) und
- summarisch (Erfassung mehrerer Kriterien der Auswirkungen durch das Training).

Aus der Evaluierungsform ergibt sich eine spezifische Qualität bezüglich Tiefe und Genauigkeit der Ergebnisse (Odiorne 1970, nach Nork 1991, S. 71). Die Subjektivität der Ergebnisse sollte bei der Auswertung in Betracht gezogen werden, denn eine Absicherung der Daten durch Dritte (Kollegen, Familie) war auf Grund der verwendeten Datenerhebungsstrategie nicht möglich. Andererseits umgeht man mit direkter Befragung der Teilnehmer die in der Literatur oft erwähnten Interviewereffekte (vgl. Berthold et al. 1980). Hamblin (1974, zit. nach Sogunro 1997, S. 719) bemerkt dies spezifisch für die Erfassung von Veränderungen bei Trainings ohne klare Zielkriterien:[11]

> For open-ended training, where objectives are not formulated in measurable terms, the best way of assessing changes may be simply to ask trainees whether they think that they have improved in specific areas.

Die Erfassung der subjektiven Veränderungsdaten nicht unmittelbar nach dem Seminar, sondern einige Zeit später bietet den Vorteil, dass - ähnlich Follow-up-Untersuchungen - eine adäquatere Beurteilung von Verhaltensveränderungen oder der Seminarkonsequenzen durch den Teilnehmer möglich ist (Sogunro 1997). Mit transferorientierten Daten geht die Evaluationsqualität über den meist gemessenen happiness-index (Reaktionen direkt nach dem Seminar) hinaus, da dieser von großer Euphorie geprägt sein kann.

Dem Befund von Berthold et al. (1980), dass mit zunehmender Zeit nach dem Seminar die Effekte nachlassen, wurde versucht entgegen zu steuern, indem die Teilnehmer aufgefordert wurden, das Seminar zu beschreiben, das bei ihnen den nachhaltigsten Eindruck hinterlassen hat (egal, ob positiv oder negativ).

---

11 Dieser Fall mußte aufgrund der hohen Diversivität der Trainings in der vorliegenden Untersuchung angenommen werden.

3.3.2 Datenerhebung

Um sicherzustellen, dass dem Ziel der Untersuchung entsprechend nur Personen mit persönlicher Trainingserfahrung im Bereich Persönlichkeitsentwicklung teilnehmen, wurden verschiedene Wege der Datenerhebung gewählt (Zufallsauswahl, direktes Ansprechen von Unternehmen und Anbietern).

a) Eine genaue Beschreibung der Befragung wurde an Presseagenturen und Zeitschriften gesandt. Eine Zufallsauswahl von Teilnehmern konnte so über Pressemeldungen erreicht werden. Mit dieser Auswahlform wurden sowohl für die bereits erwähnte Voruntersuchung (Telefonbefragung) wie auch für die vorliegende Hauptstudie (schriftliche Befragung) Personen gewonnen. So wurde erreicht, dass in 5 bundesweiten Tageszeitungen sowie in 6 Weiterbildungsmagazinen Aufrufe bzw. Interviews veröffentlicht wurden. Es meldeten sich vorrangig Führungskräfte mit entsprechenden Seminarerfahrungen. Die eingerichtete Telefonhotline war vom 1.9.1997 bis zum 19.12.1997 mit eigens dafür geschulten und regelmäßig supervidierten Interviewern besetzt. Zwei Leitungen waren täglich (außer Samstag und Sonntag) zunächst von 16.00 bis 21.00 Uhr, ab dem 16.09. von 17.30– 21.00 Uhr besetzt. Mit allen Anrufern vor dem 1.11.97 wurde ein Telefoninterview für die Voruntersuchung durchgeführt. Den Anrufern nach dem 1.11.97 wurde an Stelle dessen der schriftliche Erhebungsbogen für die vorliegende Hauptuntersuchung zugesandt.

b) Um einen gezielten Einblick in einzelne Wirtschaftsunternehmen zu erhalten, wurden verschiedene Unternehmen von uns direkt angesprochen. Daraufhin waren sechs große Unternehmen aus der Luftfahrt, der Automobilbranche, der Chemiebranche, der Dienstleistungsbranche, der politischen Bildung sowie weitere kleinere Unternehmen zu einer Mitarbeit bereit und unterstützten die Studie.

c) Zu Gunsten der Einbeziehung verschiedener Seminartypen konnten Teilnehmer über das Interesse einzelner Anbieter gewonnen werden. Sie hatten sich auf die Presseberichte hin gemeldet beziehungsweise bestand bereits Kontakt durch die Experteninterviews. Auf diese Weise konnten Erfahrungen mit verschiedensten psychologischen Methoden und Verfahrensgruppen in die Analyse einbezogen werden. Der Zeitraum der Datenerhebung betrug insgesamt fünf Monate, vom 1.11.1997 bis 31.3.1998.

Stichprobe

Insgesamt wurden 210 Fragebögen versandt, wovon 55 zurückgesandt wurden. Das entspricht einer Rücklaufquote von 26 %. Auf eine umfangreiche Nachfassaktion musste auf Grund der Anonymität der Teilnehmer verzichtet werden. Da die erhaltenen Unterlagen von den Teilnehmern sehr gewissenhaft bearbeitet wurden, konnte der komplette Satz von 55 Bögen in die Auswertung eingehen.

a) Geschlechterverteilung: 41 % männliche Teilnehmer und 59 % weibliche Teilnehmerinnen

b) Alter: Das Durchschnittsalter betrug 39 Jahre (Altersbereich von 20–57 Jahren)

c) Familienstand: 32 % ledig, 61 % verheiratet, 7 % geschieden

d) Herkunft: 74 % alte Bundesländer; 26 % neue Bundesländer

e) Tätigkeitsbranche: 48 % Industrie; 44 % Dienstleistungen; 8 % Handel bzw. Banken

f) Führungsaufgaben: 57 % Führungskräfte; Führungserfahrung von 1 Jahr (min.) bis zu 29 Jahren (max.); durchschnittliche Führungserfahrung = 8,6 Jahre. Die Führungskräfte führten 1 – 210 Mitarbeiter (Durchschnitt = 20 Mitarbeiter). 30 % der Führungskräfte sind im oberen Management tätig. 43 % haben keine Personalverantwortung.

g) Seminarerfahrung: Nur 2 % der Teilnehmer hatte keinerlei Vorerfahrung mit Seminaren oder Coachings. Alle anderen Teilnehmer hatten in unterschiedlichem Umfang bereits Seminare, persönliche Coachings oder Teamcoachings erlebt. Die Seminarerfahrung variierte von 1 bis 20 Veranstaltungen (Durchschnitt = 5); die Anzahl persönlicher Coachings betrug im Mittel 4 Sitzungen.

Analyseverfahren

Die Fragestellungen wurden mithilfe statistischer Verfahren untersucht. Folgende Verfahren mit entsprechenden Zielsetzungen kamen zum Einsatz:

a) *Häufigkeitsberechnungen:* um Eindrücke in die Variablenstruktur und die stichprobenmäßige Verteilung wichtiger Größen zu erhalten.

b) *Häufigkeitsvergleiche:* Chi-Quadrat-Tests zum Vergleich beobachteter und erwarteter Häufigkeiten von Variablen in Bezug auf einzelne Teilnehmermerkmale (Erwartungen / Nutzen in Verbindung mit Alter, Geschlecht...).

c) *Clusteranalysen:* um grundlegende, anhand der Einzelitems oftmals nicht erkennbare Muster einzelner Variablen (Teilnehmermotive, Trainerbeurteilung) beschreiben zu können.

d) *Faktorenanalyse:* um die umfangreich erhobenen Items zu Veränderungen und Auswirkungen durch die Seminare auf einige wesentliche Merkmale zu reduzieren und damit Veränderungsrichtungen zu beschreiben.

e) *Korrelationsanalyse:* um Zusammenhänge zwischen Seminarfaktoren und dem Lerntransfer zu untersuchen.

4 Ergebnisse

Die Teilnehmer waren gebeten worden, sich zur Beantwortung des Fragebogens das Seminar auszuwählen, welchem sie den nachhaltigsten Eindruck zuschrieben, gleichgültig ob in positiver oder negativer Hinsicht. Die folgenden Ergebnisse stützen sich auf die Angaben zu diesem Seminar. Die Spannweite der angegebenen Veranstaltungen reichte vom traditionellen Führungskräftetraining über Change Management oder Persönlichkeit und Potenziale bis hin zu eher alternativen Seminaren wie Den Geist beflügeln oder Meditation und Trance. Die Stichprobe repräsentiert damit ein weites Spektrum dessen, was so genannte Persönlichkeitstrainings auf dem Fortbildungsmarkt und innerhalb von Lebenshilfeangeboten abdecken.

Die Ergebnisdarstellung folgt den Schritten:

a) Deskriptive, explorative Beschreibung der erhobenen Variablen und Sichtbarmachen der Variablenstruktur: Wodurch sind einzelne Bedingungsfaktoren der Seminare, der Lernerfolg sowie der Lerntransfer von Persönlichkeitstrainings gekennzeichnet?

b) Prüfung der Hypothesen: Gibt es Zusammenhänge zwischen einzelnen Bedingungsfaktoren untereinander und zwischen Bedingungsfaktoren und dem Lerntransfer?

Die Datenauswertung erfolgte mit dem Programmsystem SPSS 7.5.

4.1 Rahmenbedingungen und Trainereigenschaften

Fragestellung 1: In welchem Setting finden Persönlichkeitstrainings statt? (Wie werden wesentliche Rahmenbedingungen und Trainereigenschaften eingeschätzt)?

a) Form der Maßnahmen und Auswahl

Der Großteil der angegebenen Seminare waren externe Maßnahmen (60 %) und zwar Veranstaltungen, die außerhalb des organisationellen Rahmens in offenen Gruppen stattfanden. 40 % dagegen wurden in firmeninternen Gruppen, jedoch meist außerhalb des Unternehmens durchgeführt. Die Hälfte aller Teilnehmer (50,9 %) gaben an, auf Grund individueller Initiative an dem ausgewählten Seminar teilgenommen zu haben. Von ihrem Vorgesetzten wurden insgesamt 27,3 % der Teilnehmer für die jeweilige Maßnahme empfohlen und 29,1 % nahmen im Rahmen einer Ausbildungsmaßnahme oder für eine Mitarbeitergruppe spezifischen Veranstaltung (Team, Projektgruppe, Abteilungsleiterebene...) teil.[12] Vor allem externe Veranstaltungen wurden auf individuelle Initiative hin besucht, wohingegen bei firmeninternen Maßnahmen die Teilnahme meist von Vorgesetzten empfohlen wurde oder im Rahmen einer Ausbildung stattfand.

b) Dauer und Kosten

Die Seminare dauerten minimum ein Tag bis maximum 24 Tage (Mittelwert = 5,8 Tage; Standardabweichung = 5,9), wobei eine Seminarveranstaltung nie länger als 6 Tage am Stück durchgeführt wurde. Alles, was darüber hinaus geht, wurde zwar als ein Seminar, aber in Teilstücken absolviert. Die durchschnittlichen Kosten betrugen für ein komplettes Seminar 2293 DM (min = 70 DM; max = 9000 DM). Diese Kostenangaben beziehen sich vorrangig auf externe Seminare, bei firmeninternen Veranstaltungen wurden die Kosten meist nicht kalkuliert. Für alle Teilnehmer wurden dort die Kosten von der Firma getragen. Für externe Veranstaltungen wurden für 37,5 % der Teilnehmer die Kosten von der Firma getragen, 45,7 % waren Selbstzahler.

Dauer in Tagen	Kosten (min.-max.) (DM)	Durchschnittliche Kosten pro Seminar (DM)	Preis pro Tag (DM)
2–3,5	280–9000	1810	1034
4–6	490–6500	2242	448
10–24	1700–8000	3875	235

Tabelle 4: Verhältnis der Seminarkosten zu Seminardauer

---

12 Mehrfachantworten waren möglich.

Am Verhältnis von Kosten und Dauer wird deutlich, dass der einzelne Seminartag mit zunehmender Seminardauer günstiger wird. Dabei scheint es für eine bestimmte Anzahl von Tagen wohl Kostengrenzen nach unten, jedoch keine nach oben zu geben. Anzunehmen ist, dass zunächst für eine Grundausstattung von Trainer und Seminarobjekt aufgekommen werden muss, weshalb mit zunehmender Dauer das Preis-Leistungs-Verhältnis günstiger wird.

c) Setting

Der Großteil der Teilnehmer (82 %) gab an, dass die Seminare unter "nennenswerten, für das Ergebnis des Seminars bedeutsamen" Bedingungen stattgefunden hat. Dabei kristallisierten sich sieben Kategorien heraus[13]:

- Seminarstätte (n=25) (*"abgeschiedenes altes Gut"; "weit ab vom Unternehmen"; "Ruhe, Abgeschiedenheit, Konzentration"; "abseits der täglichen Firmenroutine"*)
- Teilnehmerzusammensetzung (n=14) (*"Teilnahme aller Firmenmitglieder vom Kraftfahrer bis zum Geschäftsführer"; "Gruppe mit Männern und Frauen"; "fremde Personen, wenig konstruktiv"*)
- Art der Durchführung (n=7) (*"unter ‚Eliminierung' aller ablenkenden Mittel, z. B. Alkohol, Rauchen, zu viel Schlaf und unter streng geregeltem Tagesablauf"; "Arbeitszeit von 6.30 Uhr bis 24.00 Uhr ohne Mittagspause, stattdessen Entspannungstraining"*)
- Kursleitung / Trainerbeziehung (n=5) (*"sehr kommunikativ"; "Kursleitung war wichtig"; "guter Draht zum Trainer"*)
- Seminaratmosphäre (n=5) (*"große Offenheit"; "sehr ungezwungen"*)
- Dauer (n=3) (*"Langzeitdauer mit 7 Sitzungen in 1,5 Jahren"; "8 Stunden sind zu wenig"*)
- Einbettung des Seminars in übergreifende Programme (n=3) (*"Einzelsitzungen der Führungskraft verbunden mit Sitzungen mit Mitarbeitern";"vorherige Zielvereinbarung"*)

---

13 Mit Hilfe eines induktiven inhaltsanalytischen Vorgehens wurden zunächst aus allen Zitaten Kategorien generiert, denen dann die Zitate im einzelnen wieder zugeordnet wurden (vgl. Mayring 1990).

d) *Seminarkomponenten (Programm, Ablauf, Atmosphäre)*

Mithilfe einer Schulnotenskala von 1 bis 6 wurden im Einzelnen erfasst: der Veranstaltungsablauf (abwechslungsreich – eintönig), die Teilnehmerzusammensetzung (gut – unvorteilhaft), die Seminaratmosphäre (angenehm – unangenehm / angespannt) sowie der Grad der Involviertheit des Teilnehmers durch das Thema (Ego-Involvement; hat mich persönlich betroffen – hat mich kalt gelassen).

Skala	Veranstaltungs-ablauf (%)	Seminar-atmosphäre (%)	Teilnehmer-zusammen-setzung (%)	Ego-Involvement (%)
1	40,0	47,3	38,1	40,0
2	41,8	32,7	41,8	32,7
3	10,9	12,7	10,9	16,3
4	3,7	1,8	3,7	5,5
5	1,8	–	1,8	3,7
6	–	3,7	–	–
Ohne Angaben	1,8	1,8	3,7	1,8
Mittelwerte	M = 1,83	M = 1,83	M = 1,85	M = 1,98

Tabelle 5: Häufigkeitsverteilung über spezielle Rahmenbedingungen

Die Teilnehmer bewerteten alle vier Merkmale sehr positiv. Nach diesen Angaben sind weit über zwei Drittel der Teilnehmer mit den vorgegebenen Rahmenbedingungen sehr zufrieden und zufrieden. Für 72 % war das Thema des Seminars persönlich bedeutsam.

e) Trainereigenschaften

Die Betreuung erfolgte für 50 % der Teilnehmer durch ein Trainer, für weitere 50 % durch zwei bis zu sieben Trainer. Gerade bei längeren Seminaren war es üblich, dass innerhalb der einzelnen Veranstaltungsteile die Trainer wechselten. Die Einschätzungen der Trainer oder des Trainerteams fallen insgesamt sehr positiv aus. 89 % bewerten die Kompetenz ihrer Trainer mit sehr gut bis gut auf einer Schulnotenskala von 1 bis 6 (M = 1,56). Ebenso gut schneiden die Trainer auf den Kategorien persönlich sympathisch (M = 1,69) und teilnehmerorientiert (M = 1,76) ab. Auch hier schätzen jeweils 82 % diese Ausprägungen als sehr gut und gut ein. Das heißt, dass jeweils nur 11 % bzw. 18 % der Teilnehmer mit ihren Trainer unzufrieden waren.

Eine genauere Merkmalsdifferenzierung wurde mittels einer Clusterzentrenanalyse (iterativ-partionierend) über die gesamte Stichprobe sowie die drei Trainermerkmale Kompetenz, persönliche Sympathie und Teilnehmerorientierung durchgeführt. Daraus ergaben sich drei Gruppen:

a) Höchst zufrieden mit dem Trainer in allen drei Kategorien (n = 43).
b) Teilnehmerorientierung gut, jedoch wenig kompetent und sympathisch (n = 5). Der Trainer versuchte vermutlich, auf die Teilnehmer einzugehen, war den Aufgaben jedoch schlecht gewachsen.
c) Keine Teilnehmerorientierung, zufrieden stellende Kompetenz und mittlere Sympathiewerte (n = 7). Zu vermuten ist, dass sich hier der Teilnehmer nicht persönlich angenommen und betreut fühlte, was sich in Sympathie und zugeschriebener Kompetenz niederschlägt.

Anhand dieser Analyse wird deutlich, wie wichtig neben direkter fachlicher Kompetenz des Trainers der Aufbau einer Beziehung sowie das individuelle Eingehen auf den Teilnehmer ist.

4.2 Erwartungen und Ziele

Fragestellung 2: Welche subjektiven Erwartungen und Zielvorstellungen bestehen bei den Teilnehmern an die Seminare?

Die Teilnehmer wurden aufgefordert, innerhalb von sieben vorgegebenen Items ihre Erwartungen und Ziele an das von ihnen gewählte Seminar auf einer

Skala von ja – eher ja / eher nein / nein einzuschätzen.

Kategorie	Ja/ eher ja (%)	Eher nein/ nein (%)	ohne Angabe (%)
1. Beruflich / fachliche Weiterqualifikation	54,5	34,5	11,0
2. Gezielte Tipps und Tools für den beruflichen Erfolg	61,8	32,7	5,5
3. Klärung von Fragen zum Umgang im Team	61,8	29,1	9,1
4. Klärung von Fragen zu privaten Beziehungen (Familie, Partnerschaft, Freunde)	40,0	54,5	5,5
5. Klärung von Fragen zur eigenen Person (Potenziale, Standortbestimmung, etc.)	80,0	16,4	3,6
6. Erholung und einfach Spaß haben	23,6	61,8	14,6
7. Sonstiges	16,4	7,3	76,3

Tabelle 6: Häufigkeitsanalyse über Erwartungen und Ziele der Teilnehmer

Der Erwartungsschwerpunkt bestand darin, Fragen zur eigenen Person zu klären (80 %). Unabhängig davon, ob es eine betriebliche Weiterbildung oder ein individuell besuchtes externes Seminar ist, erwartet der Teilnehmer also, dass es vorrangig um seine Persönlichkeit geht. Ein hoher Anteil der Teilnehmer knüpfte gleichzeitig berufliche Ziele und Fragen an die Seminare. Hier waren vor allem konkrete Tipps und Tools und die Klärung von Teamfragen gefragt. Die Teilnehmer erwarteten sowohl Klärung von persönlichen Fragen als auch Bewältigungsstrategien konkreter beruflicher Probleme innerhalb der Seminare. Erholung und Spaß als Punkte, die bei so genannten Incentive-Programmen eine Rolle spielen, wurden hintenan gestellt (nur 23,6 %).

Um verschiedene Erwartungsmuster von Teilnehmern persönlichkeitsorientierter Trainings besser beschreiben zu können, wurde auf der Grundlage der vorgegebenen Erwartungskategorien über die Stichprobe eine iterativ-partionierende Clusteranalyse (vgl. Bortz 1993) durchgeführt.[14]

Daraufhin erhält man drei Gruppen innerhalb der Teilnehmer, deren Erwartungen und Ziele an Persönlichkeitstrainings durch unterschiedliche Schwerpunkte geprägt sind.

	Cluster		
	1	2	3
1. Beruflich/fachliche Weiterqualifikation	3	2	2
2. Tipps und Tools für beruflichen Erfolg	3	2	2
3. Klärung von Teamfragen	3	1	2
4. Klärung von Fragen zu privaten Beziehungen	1	4	3
5. Klärung von Fragen zur eigenen Person	1	3	1
6. Erholung und Spaß	3	4	3

Tabelle 7: Clusterlösung über die Variable "Erwartungen und Ziele" (1=ja; 2=eher ja; 3=eher nein; 4=nein) (n=46)

Gruppe 1: Klärung persönlicher Fragen und Beziehungsfragen (19,6 %)
Diese Gruppe hat ihren Erwartungsschwerpunkt in der Klärung von Fragen zur eigenen Person sowie zu Fragen privater Beziehungen.

Gruppe 2: Berufliche Fragen (28,3 %)
Innerhalb dieser Gruppe dominiert die Klärung beruflicher Fragen, Erwartungen an konkrete Tipps und Tools für den beruflichen Erfolg und vor allem die Klärung von Teamfragen.

---

14 Auf eine hierarchische Clusteranalyse (Ward-Methode) wurde verzichtet, da eine Anfangspartition von drei Clustern (beruflicher Schwerpunkt, private Klärung, Mischmotivation) als inhaltlich plausibel angesehen wurde (vgl. Bortz 1993, S. 530).

Gruppe 3: Mischmotivation (52,1 %)
Diese Teilnehmer erwarten eine Verknüpfung zwischen Klärung von Fragen zur eigenen Person und beruflichen Fragen (fachliche Tipps für die berufliche Weiterentwicklung, auch Teamfragen) in den Seminaren. Sie sind generell offen und motiviert. Sie bildeten mit 52,1 % den größten Anteil der Teilnehmer.

Um die gefundenen Gruppen vor dem Hintergrund demographischer Kennzeichen und der Durchführungsform des Seminars genauer klassifizieren zu können, wurde untersucht, inwieweit einzelne Erwartungsschwerpunkte spezifische Merkmalsklassen sind. Betrachtet wurde das Alter, Bundesland (alte / neue), Geschlecht, Führungsposition, bisherige Seminarerfahrung und Form des Seminars (firmenintern oder extern). Es ergab sich folgendes Bild:

Gruppe 1: Klärung persönlicher Fragen und Beziehungsfragen
Diese Gruppe rekrutiert sich ausschließlich aus Teilnehmern externer Seminare. Mit 67 % überwiegen männliche Teilnehmer und Teilnehmer aus den alten Bundesländern (78 %). Alle Personen dieser Gruppe sind zwischen 20 und 46 Jahren alt und besitzen mit 1–5 Seminaren eher wenig Seminarerfahrung (89 %) oder sehr umfangreiche Seminarerfahrung (11 %). Über die Hälfte (67 %) sind nicht als Führungskraft tätig.

Gruppe 2: Berufliche Fragen
Diese Teilnehmergruppe dominiert in firmeninternen Seminaren (67 %) und setzt sich vornehmlich aus Führungskräften (67 %) und Männern (62 %) zusammen. Seminarerfahrung (1–5 Seminare) ist bei allen Personen eher gering. Bezüglich Bundesländern und Alterskategorien (20–57 Jahre) gibt es innerhalb dieser Gruppe keine Spezifika.

Gruppe 3: Mischmotivation
In dieser Gruppe der gemischt beruflich und persönlichen Motivation sind die geprüften Merkmale (Alter, Geschlecht, Führungsposition, Bundesland, Seminarerfahrung, Seminarform) annähernd gleich verteilt. Es finden sich keinerlei auffällige Unterschiede.

Die Erwartungsschwerpunkte unterliegen demnach durchaus einigen zusätzlichen Merkmalen und sind je nach Altersgruppe, Führungsposition, Bundesland und vor allem Seminarform unterschiedlich.[15]

---

15 Die Abweichungen der beobachteten Häufigkeiten von den erwarteten Häufigkeiten wurden mit dem Chi-Quadrat-Test geprüft. Die Zusammenhänge zwischen den Erwartungsgruppen und den einzelnen Merkmalsvariablen erwiesen sich jedoch als nicht signifikant.

4.3 Interventionstechniken

> *Fragestellung 3:* Welche psychologischen Interventionsmaßnahmen werden eingesetzt?
> Wie nützlich werden die einzelnen Verfahren von den Teilnehmern eingeschätzt?

Auffällig war die große Bandbreite der angewandten Methoden. Es scheint, dass Anbieter von Persönlichkeitstrainings meist verschiedene Methoden und methodische Mittel kombinieren. Eine Einordnung der Seminare auf Grund bestimmter theoretischer Schulen - wie es im Psychotherapiebereich möglich ist - konnte demnach kaum vollzogen werden. Für die Einordnung eignen sich vielmehr bestimmte Methodengruppen oder einzelne methodische Elemente.

Im Vordergrund standen noch immer klassische Vorträge und Referate, die bei 82 % aller Seminare eingesetzt wurden. Doch auch gruppendynamische Übungen (80 %), Gruppenarbeit (78 %) und Entspannungsübungen (73 %) wurden in fast jeder Veranstaltung durchgeführt. Vor dem Hintergrund gruppendynamischer Übungsziele sowie Ansätzen der Gruppenarbeit wird somit deutlich, dass Seminare zur Persönlichkeitsentwicklung zu einem Großteil genutzt werden, um an zwischenmenschlichen Beziehungen zu arbeiten. Dabei hatte mit psychologischen Selbsterfahrungsübungen gut die Hälfte aller Seminare (65 %) ihren Schwerpunkt auf der Auseinandersetzung mit der eigenen Person. Bei 53 % wurden mit Out-door-Trainingselementen gruppendynamische und Selbsterfahrungsübungen gekoppelt.

Die Teilnehmer wurden weiterhin befragt, wie nützlich sie die einzelnen methodischen Elemente empfanden. Am wenigsten umstritten war die Gruppenarbeit, bei welcher nur 5 % der Teilnehmer angaben, sie sei kaum oder nicht nützlich gewesen. Den Gegenpol dazu bildeten Plenumsdiskussionen, die mit 24 % nicht oder kaum nützlich erschienen. Weitere Elemente, die von einigen Teilnehmern als kaum oder nicht nützlich empfunden wurden, waren Entspannungsübungen (20 %), Out-door-Trainingselemente (17 %) oder Selbsterfahrungsübungen (14 %). Vermutlich unterliegen diese stark der persönlichen Sympathie und bedürfen darüber hinaus einer professionellen Durchführung bzw. den richtigen Rahmen und die notwendige Reflexion, um entsprechenden Nutzen zu bringen.

Die nachfolgend aufgeführten Kategorien sind sowohl ganze Verfahrensgruppen wie auch einzelne Interventionselemente. Sie werden hier einzeln erwähnt, da der Teilnehmer zwar häufig das Element kennt, aber nicht weiß, in welche Schule oder Richtung er dieses einordnen soll. Die angegebenen Einzelelemente wurden in der Voruntersuchung besonders häufig genannt.

Interventionsmethoden	Häufigkeit des Einsatzes (%)	Sehr nützlich/ nützlich (%)	Kaum nützlich/ nicht nützlich (%)
Kommunikationsübungen und Rollenspiele	76,0	90,5	9,5
Meditation	49,1	77,8	22,2
Positives Denken	47,3	92,3	7,7
Körperarbeit (Atem-, Energiearbeit)	41,8	78,3	21,7
Künstlerische Verfahren (Tanz, Malen, Musik, Handwerk)	41,8	65,2	34,8
Persönlichkeitstests	38,2	81,0	19,0
Imaginationsverfahren	36,4	85,0	15,0
Skriptanalyse / Biografiearbeit	34,5	79,0	21,0
Fernöstliche Verfahren / Heilmethoden (Joga, Tai Chi, Ayurveda, Zen)	32,7	77,8	22,2
NLP (Neurolinguistisches Programmieren)	25,5	64,3	35,7
Fitness- und Ernährungsberatung	23,6	69,2	30,8
Esoterisch/spirituelle Verfahren (Edelstein-, Aroma-, Chakratherapie, Astrologie, Schamanismus, Reiki)	23,6	46,2	53,8
Andere, relativ unbekannte/ungewöhnliche Verfahren	12,7	85,7	14,3
Sonstige Verfahren	7,3	75,0	25,0

Tabelle 8: Häufigkeit und empfundener Nutzen eingesetzter Interventionstechniken

Die Häufigkeitsverteilung der angewendeten Methoden beschreibt einen Trend, der Weg geht von eher kognitiven Lehr- und Lernmethoden (Diskussion, Vortrag) hin zu ganzheitlichen Erlebnismethoden (künstlerische Verfahren, Körperarbeit und andere). Kommunikationsübungen und Rollenspiele wurden am häufigsten eingesetzt. Für den Managementbereich bisher alternative, ungewöhnliche Methoden wie beispielsweise fernöstliche Verfahren, esoterisch/spirituelle Verfahren oder künstlerische Verfahren gewinnen nach diesen Daten zunehmend Einfluss. Vor allem Meditationstechniken sind stark verbreitet. Deutlich wird für diese Methodengruppen jedoch auch, dass sie von den Teilnehmern offensichtlich kritisch hinterfragt werden. Esoterisch/spirituelle Verfahren betrachteten beispielsweise über die Hälfte aller Teilnehmer als kaum oder nicht nützlich. Generell zeigen die Verteilungen in Tabelle 8, dass von der Häufigkeit der Anwendungen noch nicht auf die Brauchbarkeit der Methoden geschlossen werden kann.

Es wurde in einem weiteren Schritt versucht, Teilnehmergruppen mit Präferenzen hinsichtlich Seminar- und Methodentyp herauszufiltern. Diesbezüglich war jedoch keine klare Struktur erkennbar. Eine derartige Methodenzuordnung scheint unter anderem auch deshalb schwer realisierbar, da nur innerhalb der von den Teilnehmern selbst gewählten Seminare auch deren Methoden- und Seminarpräferenz zum Ausdruck kommt.

4.4 Generelle Zufriedenheit

Fragestellung 4: Wie zufrieden äußern sich die Teilnehmer über die Seminare?

Die Mehrheit (76 %) gab an, dass ihre Erwartungen voll erfüllt wurden. 13 % antworteten mit eher ja und 11 % verneinten. 91 % würden das Seminar anderen weiterempfehlen. Einige wenige waren zwar nicht persönlich zufrieden, würden die Veranstaltung aber dennoch an andere weiterempfehlen. Trotz der positiven Gesamteinschätzungen äußerten sich die Teilnehmer auch über kritische Details. Auf die Frage nach der Existenz kritischer Faktoren oder Situationen im Seminar antworteten 55 % mit ja, nur 29 % verneinten dies direkt. Der Rest machte keine Angaben dazu. Auf die genauere Struktur der kritisch bewerteten Seminarsituationen wird in den Abschnitten 4.7 und 4.8 gezielter eingegangen.

4.5 Allgemeiner Nutzen

> *Fragestellung 5:* Welcher subjektive Nutzen bezüglich verschiedener Perspektiven (Beruf, private Beziehungen, eigene Persönlichkeit) wird berichtet?

Der Nutzen, als ein subjektives Maß für Lerntransfer, wurde ähnlich den Erwartungen für berufliche und private Bereiche erfasst. Im Folgenden werden der subjektive Nutzen und ein Vergleich mit den anfänglichen Erwartungen dargestellt.

	Ja / eher ja (%)	Eher nein / nein (%)	Verhältnis Nutzen / Erwartungen
1. Klärung von Fragen zur eigenen Person (Potenziale, Standortbestimmung, etc.)	85,5	14,5	N>E
2. Klärung von Fragen zum Umgang im Team	69,1	27,3	N>E
3. Berufliche/fachliche Weiterqualifikation	61,8	38,2	N>E
4. Erhalt von gezielten Tipps und Tools für beruflichen Erfolg	60,0	36,4	N<E
5. Klärung von Fragen zu privaten Beziehungen (Familie, Partnerschaft, Freunde)	60,0	40,0	N>>E
6. Erholung und einfach Spaß haben	49,1	40,0	N>>E

Tabelle 9: Häufigkeitsverteilung des subjektiven Nutzens über verschiedene Kategorien und Vergleich dessen mit den anfänglichen Erwartungen

Der deutlichste Nutzen zeichnete sich für den Bereich der eigenen Person (85,5 %) ab. Die Anzahl derer, die das Seminar für die eigene Persönlichkeit im Endeffekt als Gewinn bringend bezeichneten, war sogar höher als die, die einen Nutzen diesbezüglich im Voraus erwartet hatten. Über die Hälfte aller Teilnehmer gaben beruflichen Nutzen, wie beispielsweise Klärung von Teamfragen (69,1 %) oder Erhalt von Tipps und Tools für den beruflichen Erfolg als Ergebnis an, obwohl konkrete Hilfen vorneweg stärker erwartet wurden. Ein eher umgekehrtes Bild zeigt sich für den Privatbereich. Bei vergleichsweise niedrigen Erwartungen für diesen Bereich gaben am Ende über die Hälfte der Teilnehmer einen subjektiven Wert des Seminars dafür an. Dass es in den Seminaren zusätzlich viel Spaß und Erholung gibt, bestätigten 49 % der Teilnehmer, auch wenn dies ursprünglich nur von wenigen Erwartung und Ziel war. Offensichtlich ist zunächst persönlichkeitsorientierte Weiterbildung sehr stark mit Ernst und Anstrengung verbunden.

Die Häufigkeitswerte über den persönlichen Nutzen sind ähnlich den Erwartungen für einzelne Teilnehmergruppen differenziert für die Merkmale Alter, Geschlecht, Bundesland, Führungsposition, Seminarerfahrung oder Seminarform zu betrachten (vgl. Tabelle 10).

Nutzen (%) / Merkmale		Beruflich/fachliche Weiterqualifikation	Tips/Tools für beruflichen Erfolg	Klärung von Teamfragen	Klärung Fragen privater Beziehungen	Klärung Fragen zur eigenen Person
Alter (Jahre)	20 – 35	47,6	47,6	52,4	38,1	85,7
	36 – 46	65,2	78,3 T	91,3*	78,3*	87,0
	47 – 57	81,8	55,6	66,7	63,6	85,5
Bundesländer	alte	61,5	62,2	75,5	71,8	89,7
	neue	66,7	66,7	66,7	33,3*	80,0
Führungsposition	ja	60,0	63,3	76,6	60,0	80,0
	nein	60,9	61,9	66,7	60,9	95,7
Seminarform	intern	80,0	80,0	73,3	40,0	80,0
	extern	58,3	52,2	69,6	66,7	87,5
Bisherige Seminarerfahrung	1 – 5	65,9	60,0	67,5	53,7	82,9
	6 – 10	50,0	25,0	75,0	75,0	100,0
Seminaranzahl	11 – 20	57,1	83,0	83,3	85,7	85,7

Anmerkung: Prüfung der Zusammenhänge zwischen den Variablen mit dem Chi-Quadrat-Test; * = signifikant p<0,05; T=Tendenz p<0,10. Für alle signifikanten Ergebnisse kann von einem statistischen Zusammenhang zwischen den Variablen ausgegangen werden.

Tabelle 10: *Prozentuale Verteilung des subjektiven Nutzens in verschiedenen Merkmalsklassen*

Aus Tabelle 10 lassen sich folgende Aussagen ableiten:

Alter: Teilnehmer um die 40 Jahre (36–46 Jahre) zogen gegenüber den anderen Altersklassen höheren Nutzen aus den Seminaren bezüglich der Klärung von Teamfragen. Tendenziell berichteten sie auch mehr über den Erhalt gezielter beruflicher Tipps. In der Alterskategorie 20–35 wurden die Seminare weniger profitabel für die Klärung privater Beziehungsfragen eingeschätzt. Teilnehmer ab 47 Jahren berichteten vor allem von beruflich/fachlichen Anregungen.

Bundesländer: Im Vergleich der Bundesländer empfanden Teilnehmer aus den alten Bundesländern viel stärkeren Gewinn bezüglich der Klärung von Fragen privater Beziehungen als Teilnehmer der neuen Bundesländer.

Führungsposition: Führungskräfte berichteten tendenziell weniger von der Klärung zu Fragen der eigenen Person als Teilnehmer, die nicht in Führungspositionen sind.

Seminarform: Firmeninterne Seminare wurden gegenüber externen Seminaren eher für den Erhalt gezielter Tipps und Tools und beruflicher Qualifikation als lohnend erachtet, wohingegen externe Seminare eher der Klärung von privaten Beziehungsfragen dienten. Bei externen Seminaren wurde außerdem von mehr Spaß und Erholung berichtet (63,6 % der Teilnehmer) gegenüber (38,5 %) bei internen.

Seminarerfahrung: Teilnehmer mit mittlerer Seminarerfahrung (6–10 Seminare) berichteten weniger über den Erhalt gezielter Tipps und Tools, aber vor allem von der Klärung von Fragen zur eigenen Person.

Für die Merkmale Geschlecht und bisherige Seminarerfahrung zeigten sich keine Zusammenhänge mit dem Nutzen.

4.6 Auswirkungen und Veränderungen

> *Fragestellung 6:* *Welche subjektiven Veränderungen und Auswirkungen entstehen in verschiedenen Bereichen der eigenen Person?*

Zunächst wurde geprüft, inwiefern die Dauer des Seminars und die Zeit, die das Seminar bereits zurücklag, entscheidende Einflüsse auf den Umfang der berichteten Veränderungen haben. Dazu wurden die mittleren Auswirkungen (Score 2) berechnet und mit den beiden Merkmalen Dauer und zurückliegender Zeitraum korreliert. Score 2 ist ein Wert, berechnet über die Summe aller Items der Variable Auswirkungen / Veränderungen und dividiert durch die Anzahl der Items dieser Variable.[16]

Zwischen den mittleren Auswirkungen des Seminars und dessen Dauer ergab sich ein signifikanter Zusammenhang ($r=-.36$, $p=0.18*$). Das bedeutet, dass mit steigender Seminardauer zunehmend mehr Veränderungen berichtet wurden (Score 2 geht dann gegen 1, maximale Anzahl von Veränderungen). Die Zeit, die das Seminar zurücklag, hatte keinen signifikanten Einfluss auf den Umfang der berichteten Veränderungen ($r=-.14$, $p=0.37$).

Neben dem Nutzen wurden als weiteres Maß für Lerntransfer gezielt Bereiche erfasst, in denen die Teilnehmer subjektiv Veränderungen durch das Seminar empfanden (vgl. Tabelle 11).

---

16 Für Score 2 kann sich für die vorliegende Variable ein maximal positiver Wert von 1 (alle Items wurden mit 1 ja, hat sich geändert beurteilt) beziehungsweise ein negativer Wert 4 ergeben (alle Items wurden mit 4 beantwortet, nein, hat sich nicht geändert).

Kategorie	Ja/ eher ja (%)	Eher nein/nein (%)	ohne Angabe (%)
Habe neue Handlungsmöglichkeiten für konflikthafte Situationen entdeckt	80,0	14,5	5,5
Bin in beruflichen Dingen sicherer geworden	76,4	16,4	7,2
Höhere Qualität der Kommunikation (Beruf, Familie, Freunde, etc.)	76,4	20,0	3,6
Kann andere Menschen besser verstehen	76,3	18,2	5,5
Erkenne eigene Ziele, Wünsche, Bedürfnisse besser	74,6	21,8	3,6
Kann eigene Fähigkeiten und Potenziale besser einsetzen	70,9	23,6	5,5
Habe mehr Kraft und Sicherheit in mir selbst gefunden	69,0	25,5	5,5
Treffe besser Entscheidungen	65,4	29,1	5,5
Stabilisierung des emotionalen Befindens	58,2	34,6	7,2
Allgemeines Wohlbefinden / Innere Ruhe	58,1	32,7	9,2
Trage mehr Verantwortung für mich und mein Leben	56,4	38,1	5,5
Habe Anregungen für konkrete Veränderung bestimmter Lebensumstände bekommen	56,4	36,4	7,2
Bin kooperativer geworden	56,4	36,4	7,2
Habe mehr Spaß im Leben	49,0	45,5	5,5
Freundeskreise haben sich vertieft oder sind neu entstanden	47,3	41,8	10,9
Kann mit Stress besser umgehen	45,5	47,3	7,2
Habe neue Werthaltungen und Weltsichten erhalten	45,5	47,3	7,2
Besserung körperlicher Beschwerden	18,2	69,1	12,7
Komplexe, schwer definierbare Veränderungen haben sich ergeben	18,2	70,9	10,9
Sonstige Veränderungen	5,4	9,1	85,5

Tabelle 11: Häufigkeitsverteilung über subjektive Veränderungen und Auswirkungen

Generell wird über nahezu alle Items ein positiver Trend sichtbar. Die interpersonalen Fähigkeiten (verbesserte Kommunikation (76,4 %), erhöhte Konfliktfähigkeit (80,0 %) oder mehr Kooperativität (56,4 %)) gehören dazu. Auch Items, die das eigene Befinden betreffen (emotionale Stabilität 58,2 %; innere Ruhe 58,1 %) oder mehr Sicherheit in verschiedenen Bereichen (sicherer in beruflichen Dingen 76,4 %; Entscheidungsfähigkeit 65,4 %) haben sich bei über der Hälfte der Teilnehmer subjektiv verbessert. Anschaulich wird auch, dass Interventionen / Impulse an Einzelpersonen Auswirkungen auf deren Umfeld haben, denn 47.3 % berichteten von neuen Freundeskreisen bzw. 56.4 % von Anregungen für die Veränderung bestimmter Lebensumstände.

Es zeigt sich, dass ein Persönlichkeitstraining offenbar kaum Auswirkungen auf die Gesundheit hat, denn nur 18 % erleben die Besserung körperlicher Beschwerden. Hier sei angemerkt, dass nur ein geringer Teil der Teilnehmer dieses Item überhaupt beantwortete und häufig bemerkte, sie hätten derlei Beschwerden nie gehabt.

Da die Anzahl der einzelnen Items aus explorativen Gründen sehr hoch gehalten wurde, wurden in einem nächsten Schritt Daten reduziert, um eine einfachere Grundstruktur über Seminarauswirkungen und den persönlichen Lerntransfer zu erhalten.

Faktorenanalytische Untersuchungen

Mit der Faktorenanalyse wird das Ziel verfolgt, Klarheit über die Struktur verschiedener Skalen zu erhalten. Es sollten auch Zusammenhänge beziehungsweise eine einfachere, nicht direkt beobachtbare Grundstruktur aufgedeckt werden. Variablen oder Items können dabei gemäß ihrer korrelativen Beziehungen in voneinander unabhängige Gruppen klassifiziert werden (vgl. Bortz 1993, S. 472 ff.). Im vorliegenden Fall ermöglicht eine derartige Klassifikation die Generierung von Hypothesen zu Auswirkungen von Persönlichkeitstrainings. 18 Items,[17] die die Variable Auswirkungen und Veränderungen operationalisierten, wurden einer Faktorenanalyse nach der Hauptkomponentenmethode und einer Rotation nach dem Varimax-Kriterium (vgl. Bortz 1993, Clauß & Ebner 1992) unterzogen.

---

17 Die Items Sonstige Veränderungen und Besserung körperlicher Beschwerden wurden wegen zu geringer Fallzahlen nicht mit in die Analyse einbezogen.

Items	Komponente		
	F1	F2	F3
Allgemeines Wohlbefinden / Innere Ruhe	.83		
Stabilisierung des emotionalen Befindens	.83		
Habe mehr Kraft und Sicherheit in mir selbst gefunden	.82		
Habe mehr Spaß im Leben	.79		
Trage mehr Verantwortung für mich und mein Leben	.76		
Treffe bessere Entscheidungen	.70	.46	
Sicherer in beruflichen Dingen geworden	.69		
Erkenne eigene Ziele, Wünsche, Bedürfnisse besser	.65		
Kann eigene Fähigkeiten und Potenziale besser einsetzen	.63		
Kann mit Stress besser umgehen	.63	.42	
Höhere Qualität der Kommunikation	.41	.71	
Habe neue Handlungsmöglichkeiten für konflikthafte Situationen entdeckt		.86	
Habe neue Werthaltungen und Weltsichten erhalten		.45	.69
Kann andere Menschen besser verstehen		.70	
Bin kooperativer geworden	.41	.69	
Habe Anregung für konkrete Veränderungen bestimmter Lebensumstände erhalten			.55
Freundeskreise haben sich vertieft oder sind neu entstanden			.83
Komplexe, schwer definierbare Veränderungen haben sich ergeben			.61

Tabelle 12: *Varimaxrotierte Ladungsmatrix über Auswirkungen und Veränderungen durch Persönlichkeitstrainings (Ladungen >0.40).*

Nach dem Scree-Test (Cattell 1966) sind drei Faktoren für die Interpretation bedeutsam (Eigenwerte größer als eins). Mit diesen drei Faktoren werden 67.3 % der gesamten Varianz aufgeklärt. Nach einer Sichtung der jeweiligen Faktorenladungen werden die Items zusammengefasst und wie folgt benannt.[18]

Faktor 1: Wohlbefinden / Selbstvertrauen / Klarheit

	Faktorladung
• Allgemeines Wohlbefinden / innere Ruhe	.83
• Stabilisierung des emotionalen Befindens	.83
• Habe mehr Kraft und Sicherheit in mir selbst gefunden	.82
• Habe mehr Spaß im Leben	.79
• Trage mehr Verantwortung für mich und mein Leben	.76
• Treffe besser Entscheidungen	.70
• Sicherer in beruflichen Dingen	.69
• Erkenne eigene Ziele, Wünsche, Bedürfnisse besser	.65
• Kann eigene Fähigkeiten und Potenziale besser einsetzen	.63
• Kann mit Stress besser umgehen	.63

Der Faktor klärt in der Varimax-Lösung 34 % der Varianz auf und ist mit zehn Polaritäten gekennzeichnet, wenn man davon ausgeht, dass nur Items mit Ladungen über .60 für einen Faktor bedeutsam sind. Durch den hohen Prozentsatz der Varianzaufklärung unterscheidet sich der Faktor wesentlich von den anderen und ist somit von besonderer Wichtigkeit. Dies bedeutet, dass eine wesentliche Grundlage von Veränderungen und direkten Auswirkungen von Persönlichkeitstrainings in einem allgemein gesteigerten Wohlbefinden, innerer Ruhe und Sicherheit besteht. Reflexion der eigenen Person und gleichzeitig gestärktes Vertrauen in eigene Kräfte tragen zu mehr Klarheit, Orientierung und Entscheidungssicherheit bei.

---

18 Ein Faktor kann interpretiert werden, wenn mindestens vier Items eine Ladung über 0.60 aufweisen. Die am höchsten ladenden Items sind die Markieritems für die Interpretation (Bortz 1993, S. 509).

Faktor 2: Verbesserung interpersonaler Fähigkeiten

                                                 Faktorladung

- Habe neue Handlungsmöglichkeiten für konflikthafte Situationen entdeckt .86
- Höhere Qualität der Kommunikation (Beruf, Familie, Freunde) .71
- Kann andere Menschen besser verstehen .70
- Bin kooperativer geworden .69

Durch diesen Faktor werden 18,8 % der Varianz aufgeklärt. Er ist im Wesentlichen von vier Polaritäten gekennzeichnet. Der Schwerpunkt liegt deutlich auf konkreten Fähigkeiten im Bereich zwischenmenschlicher Beziehungen: Kommunikation, Konfliktfähigkeit, Kooperation. Dies sind Fähigkeiten, die sowohl führungsspezifisch wie auch vor dem Hintergrund allgemeiner Beziehungsmuster des Individuums vermittelt werden können.

Faktor 3: Neue Perspektiven und Freundeskreise

                                                 Faktorladung

- Freundeskreise haben sich vertieft oder sind neu entstanden .83
- Habe neue Werthaltungen und Weltsichten erhalten .69
- Komplexe, schwer definierbare Veränderungen haben sich ergeben .61
- Habe konkrete Anregungen für die Veränderung bestimmter Lebensumstände erhalten .55

Dieser Faktor klärt weitere 14,5 % der Varianz auf. Die Polaritäten deuten darauf hin, dass es ein Mischfaktor ist. Zwei Aspekte laden auf diesen Faktor: a) Auswirkungen auf die Neu- oder Umgestaltung des Umfeldes des Teilnehmers (Freunde, Lebensumstände) und b) neue Sichtweisen und das Gefühl, dass zwar etwas passiert ist, man es aber konkret noch nicht fassen kann. Der Faktor erklärt sich am besten vor dem Hintergrund, dass diese Trainings auch als Erfahrungsaustausch mit Gleichgesinnten (beispielsweise nur Abteilungsleiter) oder in ganz heterogenen Gruppen (zum Beispiel die ganze Firma) stattfinden. So können mitunter ganz neue Umwelten, Anregungen und Ansichten entstehen.

4.7 Transferunterstützungen

> *Fragestellung 7:*   *Welche wichtigen Botschaften und Impulse haben diese Veränderung unterstützt?*

Mit dem Ziel, noch Genaueres darüber zu erfahren, was der Teilnehmer aus den Seminaren an mehr oder weniger bewussten Inhalten mitnimmt – unabhängig von Modellen oder Wissenspaketen, wurde direkt nach wichtigen Botschaften oder Messages gefragt. Dies sind Botschaften, die dem Teilnehmer für sein Leben wertvoll erscheinen und die er gerne weiterleben möchte. Hintergrund ist die Annahme von Micklethwait und Wooldridge (1996), dass Persönlichkeitsseminare durch die Vermittlung von Glaubenssätzen und einfachen Botschaften dazu dienen, Unsicherheit und Dissonanzempfinden der Teilnehmer zu reduzieren sowie die Komplexität der Welt einfach erklärbar zu machen. Die Frage nach Botschaften stieß bei den Teilnehmern auf reges Interesse, denn bis auf zwei Personen beschrieb jeder zwischen einem und sechs Leitsätze. Zwei Kategorien differenzierten sich heraus.

Aufgabenspezifische Leitsätze (speziell Führungsbereich)	Lebensweisheiten
• Führen statt Leiten.	• Verletze dich nicht, füge dir keinen Schaden zu.
• Ich kann nur erfolgreich Menschen führen, wenn ich mich selbst steuern und führen kann.	• Tief im Meer ist Reichtum, doch suchst du nach Sicherheit, dann bleib' am Ufer.
• Kommunikation ist Dialog, bestehend aus Zuhören und Verstehen.	• Egal, was bis gestern war, du kannst dich jeden Tag neu entscheiden.
• Widerstand im Veränderungsprozess willkommen heißen.	• Folge deiner inneren Stimme.
• Veränderung braucht Macht, Durchsetzungskraft, um schlagkräftig zu sein.	• Wer nie die Fassung verliert, wird keinen neuen Rahmen finden.
• In Konfliktsituationen versetze dich solange in den anderen, bis du verstehst, warum er so reagiert, wie er reagiert.	• Auch mal loslassen, um weiter zu kommen.
• Konkret sein: Nur wenn ich sage, was ich von meinen Mitarbeitern will, werde ich es bekommen.	• Ich lerne vergeben, verzeihen, nicht nachzutragen.
• Prioritäten setzen und Probleme anpacken, nicht vor sich her schieben.	• Ich bin 100 % bei der Sache.
	• Leben ist nur hier und jetzt.
• Klare Zielsetzung und Kommunikation zu Mitarbeitern.	• Wo ein Wunsch ist, ist seine Erfüllung.
• Die Zusammensetzung von Teams darf nicht willkürlich sein.	• Mein Wille zählt.
	• Habe Geduld und vertraue.
• Bewusster kommunizieren, Vorgänge dabei verlangsamen und transparent machen.	• Ich arbeite als Gewinner – positiv denken.
	• Carpe diem!
	• Ich tue es für mich.
	• Wer das Leben nicht genießt, wird ungenießbar.
	• Ohne Fleiß kein Preis!
	• Authentisch leben, authentisch handeln.

Tabelle 13: Botschaften und Leitsätze aus Persönlichkeitstrainings (Teilnehmerzitate)

Im Einzelnen wurden die Zitate nicht mit Propositionen inhaltsanalytisch untersucht. Dennoch werden einige, für diese Trainings typische Schwerpunktbotschaften deutlich:

a) Das einzelne Individuum im Mittelpunkt (gilt als einzigartig und mit voller Verantwortung für das eigene Leben, Selbstbestimmung und Selbstverwirklichung als Ziel); einige Sätze stammen aus der Philosophie der humanistischen Psychologie bis hin zu typischen Erfolgsideologien*(Ich arbeite als Gewinner – positiv denken)*.
b) Dem Leben vertrauen (Sinn und Handlungszuversicht vermittelnd mit religiösen oder spirituellen Einflüssen) *("Habe Geduld und vertraue." "Ich lerne vergeben, verzeihen und nicht nachzutragen.")*.
c) Einfache Regeln für Kommunikation und Führung.

Die Botschaften zeigen keine neuen Geheimrezepte. Vielmehr sind es einfache Lösungen, wenn auch oftmals schwer umzusetzende Wege, die die Teilnehmer für sich herausnehmen. Dabei spielt es offenbar weniger eine Rolle, ob die Teilnehmer zufrieden waren mit dem Seminar. Selbst Einzelpersonen, die viel Kritik übten, zogen für sich mindestens einen Leitsatz heraus. Die Vermutung liegt nahe, dass sich damit ein Bedarf an Orientierungshilfen, Sinn und Handlungszuversicht in dieser Untersuchung bestätigt - gerade auch bei Führungskräften. Die Anbieter schöpfen offenbar aus einem breiten Fundus, bei welchem neben psychologischen Quellen auch religiöse oder spirituelle Einflüsse eine Rolle spielen.

4.8 Transferhindernisse

Fragestellung 8:   *Wo liegen subjektive Transferhindernisse für die Umsetzung des Gelernten?*

Da die Befragung einige Zeit nach dem Seminarbesuch durchgeführt wurde, konnten die Teilnehmer bereits Transfermöglichkeiten bzw. Transferhindernisse gut beurteilen. Das größte Hindernis dabei scheinen Traditionen und Gewohnheiten zu sein, wie 72,6 % der Teilnehmer angaben. Über die Hälfte der Beteiligten (56,9 %) ist davon überzeugt, dass ein weiteres Hindernis die eigene Person mit mangelnder Motivation und Ausdauer war. 43,8 % beklagten Zeitmangel als Hemmnis und 35,5 % meinten, dass die vermittelten Theorien einfach sehr schwer an die Praxis anzupassen und dort umzusetzen sind. Knapp ein Drittel der Teilnehmer fühlten sich vom Vorgesetzten nicht unterstützt (31,7 %). Oder sie äußerten, dass die Kollegen oder Mitarbeiter nur mangelhaft bei der Umsetzung neuer Inhalte kooperierten (24,6 %) beziehungsweise Familie und Freunde nicht halfen (23,9 %). Damit laden für den Transfer wichtige Faktoren in verschiedenen Bereichen. Neben dem eigenen Willen und der eigenen Energie, Neues zu initiieren, spielten offenbar manifeste Muster die größte Rolle.

4.9 Subjektive Wirksamkeitskriterien

Fragestellung 9: *Welche Kriterien werden vom Teilnehmer als wesentlich für die Wirksamkeit derartiger Seminare angesehen?*

Welche positiven bzw. negativen Details während des Seminars werden berichtet?

Verschiedene Seminarelemente wurden den Teilnehmern mit dem Ziel vorgegeben, Elemente zu selektieren, die sie für die Wirksamkeit des Seminars als bedeutsam erachten. In Tabelle 14 sind die Mittelwerte über die einzelnen Items angegeben.

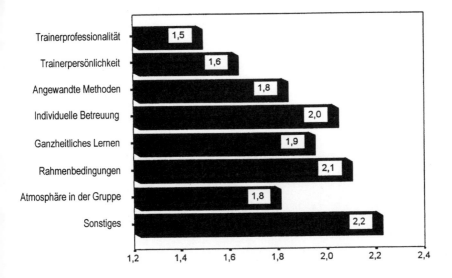

Tabelle 14: Subjektiv angegebene Wirksamkeit verschiedener Seminarelemente; (Mittelwerte auf einer Skala von 1=ja, 2=eher ja, 3=eher nein, 4=nein).

Die Ergebnisse zeigen, dass der Trainer eine sehr entscheidende Rolle spielte, sowohl mit seiner Kompetenz und Professionalität (M=1,5) als auch mit seiner Persönlichkeit und Ausstrahlung (M=1,6). An zweiter Stelle rangieren die Methode und Theorien an sich sowie die Atmosphäre in der Gruppe (M=1,8). Auch individuelles Arbeiten mit den Teilnehmern (M=2,0) und spezielle Rahmenbedingungen wie Unterkunft, Regeln und Vorschriften sowie Zeitdauer galten noch als wesentlich (M=2,1).

Interessanterweise fanden sich in den qualitativen Beschreibungen der Teilnehmer zu positiven und kritischen Details die oben erwähnten Wirksamkeitselemente in ähnlicher Form wieder (vgl. Tabelle 15). Vielleicht ist dies ein Hinweis darauf, dass die Wirksamkeit eines Seminars durchaus von einigen klar definierbaren Punkten abhängt.

Kategorien	Positiv/gut gefallen:	Negativ/kritisch empfunden:
Trainer-professionalität und Trainer-persönlichkeit	• Flexibilität und Sensibilität • kompetent und sympathisch • seine Art, auf die Teilnehmer einzugehen • liebevoll • die Ausstrahlung und Ruhe, freundlich und souverän	• die Autorität und Fehlerlosigkeit • konsequentes Heraushalten aus den Themen • ohne wirklich persönliche Betreuung • kein schlüssiges Konzept • Vorgaben, die keiner nachvollziehen konnte
Gruppen-atmosphäre	• offen und ehrlich • locker • tolle Gruppenarbeit	• zu lockere Stimmung und mangelnde Motivation der anderen Teilnehmer • negative Gruppendynamik und Vorurteile • geringe Resonanz der Teilnehmer und inhomogene Zusammensetzung
Methoden	• hohe Komplexität • Intensität • großer Mix und Vielfalt der Methoden	• mangelnde Vielfalt • schlechte Methodenqualität • Gefahr des Methodenmissbrauchs (vor allem bei Persönlichkeitstests oder Atemübungen)

Tabelle 15: Gegenüberstellung positiver / negativer Seminardetails (Beispielzitate)

Allen voran zeigte sich auch innerhalb dieser Aussagen die Wichtigkeit der Trainer. Jedoch auch die Gruppenatmosphäre und -zusammensetzung war in vielen Fällen Anlass für Lob bzw. Unzufriedenheit. Eine dritte Kategorie sowohl als positiv und kritisch angegebener Details betraf die Methoden. Was für den einen besonders gut war, erlebten andere als mangelhaft und einseitig. Es scheint, dass innerhalb der Methoden gerade der Einsatz einer großen Bandbreite geschätzt wurde.

Bisher unerwähnt blieb die Kritik an der Art der Durchführung. Dort verdeutlichen sich vor allem die Grenzen von Persönlichkeitstrainings. So wurde beispielsweise genannt:

- *Rollenspielzwang und Seelenstriptease,*
- *Mitunter zu viel über die eigene Person preiszugeben,*
- *Gefahr für die eigene Seele, das Erlebte in all seiner Intensität zu sehen und zu fühlen,*
- *Angstüberwindung, Erkenntnisse und Schwächen zulassen und zeigen* und
- *Überforderung und Erschöpfungszustände.*

Hier spiegelt sich deutlich der schmale Grat, auf denen sich Persönlichkeitstrainings bewegen – zwischen intensiver Psychotherapie und Fortbildung.

4.10 Zukünftiger Bedarf im Bereich Persönlichkeitsentwicklung

Fragestellung 10: Welche Maßnahmen der Persönlichkeitsentwicklung stellen sich die Teilnehmer zukünftig vor?

Trotz der Probleme und Ängste, die auch auftreten können, wollten bis auf einen Teilnehmer alle anderen weiter an zukünftigen Veranstaltungen aus dem Bereich Persönlichkeitsentwicklung teilnehmen. Die drei am häufigsten gewählten Maßnahmen waren:

- Intensivseminare über mehrere Tage (79,6 %)
- Individuelles Coaching (50,0 %) und
- Seminare mit anschließender Transferbegleitung (40,7 %).

Darin wird der Wunsch nach zusätzlicher intensiverer und persönlicher Betreuung innerhalb dieser Maßnahmen und im Anschluss daran hervorgehoben. 35,2 % würden weiterhin an Wochenendseminaren teilnehmen und 31,5 % interessieren sich für ein Teamcoaching. Individuelles Coaching wird besonders von Führungskräften bevorzugt (68 %). Innerhalb der anderen Kategorien gab es keine nennenswerten Unterschiede zwischen Führungskräften und Nicht-Führungskräften.

4.11 Einflussfaktoren auf den Lerntransfer

Zum Abschluss des empirischen Teils der Studie werden zwei Hypothesen geprüft, in denen Zusammenhänge zwischen dem subjektiv wahrgenommenen Lerntransfer und Persönlichkeitsmerkmalen beziehungsweise der Seminarsituation vermutet werden. Bei der Prüfung der Hypothesen wird von der Vermutung ausgegangen, dass es Zusammenhänge zwischen diesen einzelnen Bedingungsfaktoren und dem Lerntransfer gibt.

> *Hypothese 1:   Es besteht ein Zusammenhang zwischen den subjektiv wahrgenommenen Auswirkungen durch die Teilnehmer(innen) (Lerntransfer) und dessen / deren Persönlichkeitsmerkmalen.*

Als Grundlage für die Testung dieser Hypothese dienen die erhobenen Persönlichkeitsvariablen (Autonomie, Dominanz, soziales Anlehnungsbedürfnis, Selbstreflexion, Sinnfindung, Lebensbejahung und Willensstärke) einerseits sowie andererseits der subjektiv wahrgenommene Lerntransfer in Form der drei herausgefundenen Faktoren: F1: Wohlbefinden / Selbstvertrauen / Klarheit; F2: Verbesserung interpersonaler Fähigkeiten; F3: Neue Perspektiven und Freundeskreise andererseits. Nach Testung mit dem Kolmogorov-Smirnov-Test (keine signifikanten Abweichungen bei $p<0,05$) sind alle Variablen hinreichend normalverteilt.

Der Zusammenhang der Variablen wurde mit der Bravais-Pearson-Korrelation berechnet (vgl. Bortz 1993, S. 189 ff.). Auf die Darstellung der Korrelationsmatrix wird verzichtet, da nur zwischen zwei Variablen ein geringer signifikanter Zusammenhang bestand und zwei weitere Variablen eine Zusammenhangstendenz aufwiesen.

- F1: Wohlbefinden / Selbstvertrauen / Klarheit und Selbstreflexion r=-.30* (p<.05)
- F3: Neue Perspektiven / Freundeskreise und Lebensbejahung r=-.26

Damit ist die Hypothese zu *verwerfen*. Lediglich ein Zusammenhang wird deutlich: Teilnehmer, die ihr Verhalten kaum überdenken, sich wenig mit sich selbst auseinandersetzen und Dinge der eigenen Person kaum bewusst hinterfragen, berichten nach einem Persönlichkeitstraining über geringere eigene Klarheit, Selbstvertrauen und Wohlbefinden als andere.

> *Hypothese 2: Es besteht ein Zusammenhang zwischen wesentlichen Seminarkomponenten wie Seminaratmosphäre, Teilnehmerzusammensetzung, Veranstaltungsablauf, Ego-Involvement sowie Trainermerkmalen (Kompetenz, Sympathie, Teilnehmerorientierung) und den subjektiv wahrgenommenen Auswirkungen durch das Seminar (Lerntransfer).*

Es wurde der generelle Zusammenhang zwischen den Seminarkomponenten und den drei Faktoren für Lerntransfer (F1: Wohlbefinden / Selbstvertrauen / Klarheit; F2: Verbesserung interpersonaler Fähigkeiten; F3: Neue Perspektiven und Freunde) geprüft. Als Maß für die Stärke des Zusammenhanges wurde dazu der Koeffizient Eta (vgl. Bühl & Zöfel 1994, S. 231) bestimmt. Eta wird verwendet, um den Zusammenhang von nominal- oder ordinalskalierten unabhängigen Variablen und intervallskalierten abhängigen Variablen zu prüfen.

Seminarkomponenten / Faktoren für Lerntransfer	Wohlbefinden/ Selbstvertrauen / Klarheit	Verbesserung interpersonaler Fähigkeiten	Neue Perspektiven und Freundeskreise
Seminaratmosphäre	.39	.46	.43
Veranstaltungsablauf	.47	.47	.24
Teilnehmerzusammensetzung	.17	.40	.36
Ego-Involvement (persönliche Betroffenheit durch die Inhalte)	**.50**	.26	.26
Trainerkompetenz	**.53**	**.54**	.35
Trainersympathie	.48	**.66**	.12
Teilnehmerorientierung des Trainers	.45	**.50**	.33

Tabelle 16: Eta-Koeffizienten (Korrelation) über Zusammenhänge zwischen Seminarkomponenten und Faktoren des Lerntransfers

Die Hypothese ist *anzunehmen*, denn es besteht jeweils eine geringe oder mittlere Korrelation zwischen den einzelnen Seminarkomponenten und dem Lerntransfer. Hervorgehoben sind die mittleren Korrelationen, die vor allem Trainervariablen und Ego-Involvement durch das Seminar betreffen. Zu bedenken ist aber generell, dass die Seminarkomponenten selbst untereinander korrelieren und damit möglicherweise Scheinkorrelationen am Effekt teilhaben.

Zusammenfassend können die Ergebnisse nur Hinweise darauf geben, wie Persönlichkeitstrainings von Teilnehmern eingeschätzt werden und wo Nutzen und Veränderungsmöglichkeiten durch die Seminare liegen. Die generelle Beurteilung der Kurse ist gut ausgefallen, was jedoch nicht heißt, dass die Teilnehmer nicht kritisch mit ihren Einschätzungen waren. Gerade die differenzierte Beurteilung der Methoden und der Wirkfaktoren der Seminare machen spezifische Aussagen möglich. Es hat sich gezeigt, dass der Nutzen und vor allem der

Bedarf innerhalb verschiedener Teilnehmergruppen und Seminarformen unterschiedlich ist.

Als generelles Wirkungsspektrum der Kurse konnten drei wesentliche Grunddimensionen gefunden werden:

→ Wohlbefinden, Selbstvertrauen, Klarheit,

→ Verbesserung interpersonaler Fähigkeiten und

→ Entwicklung neuer Perspektiven und Freundeskreise.

Ein Zusammenhang zwischen den Auswirkungen der Seminare und Persönlichkeitsmerkmalen konnte nur für den Faktor Wohlbefinden und das Merkmal Selbstreflexion nachgewiesen werden: bei geringer Ausprägung an Selbstreflexion werden auch geringere Veränderungen auf dem Gebiet Wohlbefinden, Selbstvertrauen, Klarheit angegeben. Die Wirksamkeit der Veranstaltungen wurde von mehreren Faktoren wie Methoden, Art des Lernens, persönliche Bedeutung des Themas oder Gruppenatmosphäre beeinflusst, wobei jedoch der Trainer mit Kompetenz und seiner Persönlichkeit im Vordergrund stand. Grenzen von Persönlichkeitstrainings entstehen vor allem dann, wenn an tief greifenden Mustern gearbeitet wird, jedoch der entsprechende verantwortungsvolle Rahmen dafür kaum gegeben ist.

5 Diskussion und Konsequenzen

5.1 Methodenkritik

Einige wesentliche Punkte zur Qualität der Ergebnisse, die sich auf Grund der Durchführungsart der Erhebung und der Fragebogenkonstruktion ergeben, sollten vor der Interpretation bedacht und kritisch hinterfragt werden.

Stichprobenauswahl

Viele der Teilnehmer meldeten sich freiwillig auf Grund von Pressemitteilungen, wodurch eine positive Auslese entstanden sein kann, denn die Ergebnisse der aus Unternehmen erhobenen Daten innerhalb unserer Untersuchung sind kritischer. Hinzu kommt, dass vor dem Hintergrund zahlreicher skeptischer Presseveröffentlichungen zum Thema Persönlichkeitsentwicklung möglicherweise eine Verteidigungshaltung entstanden ist (diese Kritiken hätten jedoch auch das Gegenteil fördern können, indem sich Kritiker stark gemacht hätten). Grundsätzlich gilt, dass die Ergebnisse nur einen Trend darstellen, denn eine Stichprobe von 55 Teilnehmern kann nicht als repräsentativ für den gesamten Bereich der Persönlichkeitstrainings gelten.

Reflexiv, subjektive Datenerhebung

Die Ergebnisse sind nur einseitig aus Sicht der Teilnehmer interpretierbar. In der Evaluationsforschung ist diese Form der Erhebung zwar anerkannt (vgl. Sogunro 1997), birgt aber dennoch Bias in sich. Als wesentliche Konsequenzen daraus können gesehen werden:

- *Erwartungsurteile und daraus entstehende Beantwortungstendenzen bei den Teilnehmern.*
  Sinngemäß: „Ich habe ein teures Seminar belegt, so muss sich auch etwas positiv verändert haben". Es ist wahrscheinlich, dass diese Fehlerquelle im Sinne eines Suggestionseffektes durch das Abfragen ausschließlich positiver Items bezüglich Auswirkungen der Seminare zusätzlich verstärkt wurde. Positive Veränderungen konnten lediglich verneint werden, jedoch keine negativen bejaht. Deutlich wurde dieser Bias bei Teilnehmern, die zwar verschiedene Seminarkomponenten eher negativ bewerteten, aber dennoch von verschie-

denen positiven Veränderungen berichteten. Es ist im Endeffekt nicht mehr beurteilbar, ob dies auf die Messmethode und Versuchsleitereffekte zurückzuführen ist, oder auf eine Art Placeboeffekt, wie ihn Neuberger (1987) auch für Trainings einräumt. Er spricht von 52 guten Gründen für die Durchführung von Managementtrainings, die, auch wenn das Training nicht die gewünschten Beurteilungen erhalten hat, Veränderungen hervorrufen. Einer davon ist im Sinne einer sich selbst erfüllenden Prophezeiung der Glaube, dass danach alles besser gehe.

- *Einseitigkeit der Urteile auf Grund der subjektiven Befragung.*
In den Interviews wurden zum Teil aus Teilnehmersicht positive Veränderungen berichtet, die jedoch von der Umwelt als eher negativ angesehen wurden. Die Befragung von Angehörigen / Kollegen war in diesem Falle nicht realisierbar, sollte aber zu Gunsten der Objektivität zukünftig in Betracht gezogen werden.

- *Statistisch zahlenmäßige Veränderungen spiegeln noch keine tatsächliche Handlungsrelevanz wider.*
Generell ist ein Trainingseffekt dann erreicht, wenn das Training eine bestimmte Wirkung hatte. Streng genommen kann dies nur mit einer Veränderungsmessung für das Individuum festgestellt werden, die außerdem im Vergleich zur gesamten Gruppe zu sehen wäre (vgl. Schindewolf 1988). Die subjektive Erfassung: „Glauben Sie, dass sich etwas verändert hat...", musste in diesem Fall angewendet werden, da keine gezielten Erfolgskriterien aufgestellt werden konnten, wie es für Einzelseminare möglich und notwendig ist (vgl. Hamblin 1974). Außerdem geht die Information über die Stärke der Veränderung verloren, da diese nur in Bezug zu Ausgangswerten erkennbar ist. Nach dem Wilderschen Ausgangswertgesetz (Wilder 1981; entn. Schindewolf 1988) ist eine Veränderung umso eher zu erwarten, je extremer der Ausgangswert vom Mittelwert der Stichprobe entfernt war.

Transferergebnisse

Von Vorteil war, dass die Daten zu unterschiedlichen Zeitpunkten nach dem eigentlichen Seminarbesuch erhoben wurden. Dadurch konnte der Transfer von den Teilnehmern adäquater eingeschätzt werden (Sogunro 1997). Der Befund von Berthold et al. (1980), dass mit zunehmender Zeit nach dem Seminar die Effekte nachlassen, konnte in dieser Untersuchung nicht bestätigt werden. Es gab keinen Zusammenhang zwischen zurückliegendem Zeitraum und Ausmaß der Veränderungen. Dennoch ist davon auszugehen, dass die Zurechenbarkeit der Veränderungen als direktes Seminarergebnis mit größerem Zeitraum abnimmt. Wahrscheinlicher ist, dass das Seminar kaskadenartige Erlebnisse und Veränderungen ausgelöst hat, die aber dann in ihrer Gesamtheit durch den Fragebogen erfasst wurden. So gaben nur 44 % der Teilnehmer an, dass sie rasch und intensiv spürbare Veränderungen empfanden. Das heißt, dass nicht alle berichteten Veränderungen ausschließlich auf das Seminar zurückgeführt werden können.

Generelle Interpretierbarkeit

Trainings sind immer eingebettet in eine relative Einmaligkeit. Effekte sind damit von vielen Variablen abhängig, beispielsweise vom subjektiven Befinden der Teilnehmer, Kontexteinbettung des Trainings, Gruppenvariablen und vieles mehr (vgl. Fisch & Fiala 1984). Es ist anhand einmaliger Erhebungen schwer, zeitlich stabil zu interpretieren, wenn nicht gar unmöglich. Damit gelten die Ergebnisse für die jeweils untersuchten Seminare, können jedoch nur als Hinweis für andere Seminare dienen.

Was bedeuten diese kritischen Anmerkungen generell?

a) Die Ergebnisse stellen nur einen Trend dar und sind nicht repräsentativ.
b) Sie sind nur aus Sicht der Teilnehmer zu sehen.
c) Sie sind nicht für zukünftige Seminare generalisierbar, stellen jedoch wichtige Hinweise für Wirkungsspektren der Seminare und den Aufbau zukünftiger Evaluationen dar.

Die Evaluation von Persönlichkeitstrainings ist nach wie vor schwierig, denn es liegen kaum klare und mit Tests erfassbare Zielkriterien vor, wie das bei Fachseminaren der Fall ist. Auch Persönlichkeitstests, vor und nach dem Seminar angewandt, erbringen wenig Nutzen, da es nicht um Persönlichkeitsveränderung im eigentlichen, wissenschaftlichen Sinne geht. Vielmehr geht es zunächst um Reflexion über Persönlichkeit und maximal um Wahrnehmungs-, Verhaltens- oder Einstellungsänderungen. Das wiederum dürfte sich in klassischen Persönlichkeitsinventaren kaum niederschlagen.

Vielmehr müsste ein Weg gefunden werden, einerseits Effekte des Trainings quantitativ zu erfassen. Andererseits wäre es wichtig zu erfahren, wie Wirkungen entstehen, welche Faktoren den Erfolg begünstigen beziehungsweise welcher Bedarf bei den Teilnehmern gedeckt wurde oder weiterhin besteht. Dazu sollte sowohl mit quantitativen als auch qualitativen Methoden gearbeitet werden. Die durchgeführten Interviews im Vorfeld der schriftlichen Erhebung waren äußerst wichtig, gerade um Bedingungsgefüge innerhalb der Seminare zu durchschauen. Auch innerhalb des Fragebogens lieferten die qualitativen Passagen wichtige Zusatzinformationen über Ablauf, Atmosphäre und vor allem latente Seminarinhalte.

Der differenzierte Einsatz von Evaluationsmethoden ist immer vor dem Verhältnis Aufwand und Nutzen zu betrachten. So kann für eine Überblicksstudie, bei der lediglich Trends erfasst und Einblick in Wirkungsspektren gegeben werden sollen, durchaus eine einmalige, subjektive Befragung der Teilnehmer hilfreich sein. Soll hingegen ein einzelnes Seminar evaluiert werden, liefert ein kombiniertes Vorgehen von

- Bedarfsermittlung (Was braucht der Teilnehmer? Was will er? Was hat er dazu schon?),
- Verlaufskontrolle (Lerngewinnüberprüfung innerhalb des Seminars),
- Erfolgskontrolle (Veränderungen werden im Vergleich zu Ausgangswerten nach dem Seminar erfasst) und
- Transferkontrolle (Umsetzung des Gelernten und zeitliche Stabilität der Veränderungen) ein wesentlich genaueres Bild (vgl. Schindewolf 1988).

Um Veränderungen tatsächlich messen zu können, eignen sich entweder Einpunkterhebungen mit änderungssensitiven Verfahren (vgl. Petermann 1977), Follow-up Studien mit Prä- und Postvergleichen oder Vergleichen zu einer Kontrollgruppe. Um dabei Versuchsleitereffekte im Sinne der Hawthorne-Studien zu umgehen, kann man die Kontrollgruppe nicht ohne Training belassen, sondern müsste stattdessen ein ähnliches Seminar durchführen, jedoch mit anderen Lernschwerpunkten.

5.2 Diskussion über Erwartungen und Ziele

Die Erwartungen und Motive an Persönlichkeitstrainings sind differenziert zu betrachten. Auf der einen Seite finden sich rein fachliche Beweggründe und auf der anderen ausschließlich die Suche nach persönlicher Hilfe und Problemlösung. Der Großteil der Teilnehmer sucht im Persönlichkeitstraining die Mitte- es soll beruflichen Gewinn und auch für das persönliche Wohlbefinden etwas bringen.

Externe Seminare werden oft als Erfolgs- und Psychokurse bezeichnet. Sie scheinen einen besonderen Bereich der Persönlichkeitstrainings auszumachen, mit eindeutigen Schwerpunkten auf Lebenshilfe und rein psychologischen Ratschlägen. Mit Angeboten wie „Gelassen das Leben meistern", „Innere Stärke spüren" oder „Den Geist beflügeln" setzen sie Schwerpunkte auf Selbsterfahrung und Selbstmanagement. Allerdings immer vor dem Hintergrund, den Einzelnen zum Erfolg führen zu wollen. Mit offenen Gruppen bieten sie dadurch gerade denjenigen Platz, die nach Selbsterfahrung suchen. Hemminger (1997, S. 8) beschreibt die wesentlichen Bedarfsfelder der so genannten Psychokurse: Lebenshilfe (Förderung, Beratung, Heilung), Lebensorientierung (Sinngebung, Welterklärung) und Unterhaltung (positive und spannende Erlebnisse). Zwar bieten auch firmeninterne Seminare Möglichkeiten, an der eigenen Persönlichkeit zu arbeiten, doch stehen dort Konkurrenz oder der Verlust des Images einem Sich-Öffnen häufig entgegen.

Der Trend der Voruntersuchung, dass ein persönlicher Klärungsbedarf vor allem Teilnehmer in der Lebensmitte betrifft („Wo will ich jetzt hin?" „Was habe ich bisher erreicht?"), hat sich nicht bestätigen lassen. Gerade junge Teilnehmer (20–35 Jahre) zeigten ebenso Klärungsbedarf innerhalb der untersuchten Stichprobe.

Entgegen der verbreiteten Meinung, dass Frauen im Gegensatz zu Männern eher vom Psychologisieren profitieren und deshalb Hilfe in derartigen Selbsterfahrungskursen suchen, präsentiert sich das Phänomen in der Teilstichprobe mit dem höchsten Klärungsbedarf (externe Seminare) eindeutig umgekehrt. Zu vermuten wäre, dass Männer im alltäglichen Leben noch weniger als Frauen die Möglichkeit haben, Probleme zur eigenen Person zu klären, was nicht zuletzt auf Normen und Erziehungsmuster (Männer weinen nicht) zurückzuführen wäre. Vor dem Hintergrund schnelllebiger und komplexer Veränderungen, wenn Handeln unter Unsicherheit fast die einzige Konstante ist, erkennen sie, dass Aufgabenorientierung durchaus ein nützlicher Schwerpunkt ist. Sie erkennen jedoch auch, dass in einem turbulenten Umfeld vermehrt auf Beziehungen geachtet werden muss, da neue Problemlösungen auch ein hohes Maß an Vertrauen und Kommunikation benötigen. *„Es ist schade, dass ich mich nicht schon längst vorher mit Dingen, die nicht unmittelbar greifbar sind, befasst habe. So habe ich gelernt, nicht nur hektisch durchs Leben zu rennen, sondern versuche, alles stets bewusst zu machen"*, so ein Teilnehmer.

Erwartungen und Motivation der Teilnehmer hängen sehr eng mit größeren gesellschaftlichen und wirtschaftlichen Veränderungen als auch mit ganz persönlichen Aufgaben im Kontext von Familie, Freizeit und Beruf zusammen.

Ein gutes Beispiel für den durch gesellschaftliche Veränderungen begründeten Bedarf zeigen die unterschiedlichen Erwartungen an Persönlichkeitstrainings von ostdeutschen Teilnehmern gegenüber westdeutschen Teilnehmern. Bei Teilnehmern aus Ostdeutschland ging es vorrangig um neue Techniken, Umgangsformen, Etikette, effektivere Arbeitsgestaltung. Der Bedarf zur Klärung betraf zwar Fragen zur eigenen Person aber nicht private Beziehungen. Bei Westdeutschen standen die Fragen nach dem Sinn des Erfolges, Klärung von Lebenszielen und Fragen zu Familie und Partnerschaft im Vordergrund. In der Literatur gibt es dafür bisher keinerlei Hinweise, lediglich die Voruntersuchung zeigte diese Richtung bereits an. Problemorientierte und aufgabenbezogene Weiterbildung trifft demnach im ostdeutschen Raum momentan eher das Interesse der Teilnehmer. Es wäre interessant zu prüfen, ob neben den direkten gesellschaftlich-wirtschaftlichen Veränderungen auch grundsätzlich andere Einstellungen und Werte in Ost und West diesen differenzierten Bedarf generieren. Unter ostdeutschen Teilnehmern wurde der Begriff *Selbsterfahrungskokolores* häufiger gebraucht – ein weiterer Hinweis in diese Richtung.

5.3 Diskussion: Interventionstechniken

Betrachtet man das angewandte Methodenspektrum, scheint es, dass sowohl Unternehmen wie auch Anbieter (gerade offener Trainings) vor der Notwendigkeit zur Innovation stehen. Sie stehen unter dem Druck, immer wieder Neues anbieten zu müssen und folgen dann auch gewissen Modetrends, beispielsweise fernöstlichen Verfahren. Es ist davon auszugehen, dass die Seminare in den seltensten Fällen nur durch eine einzige Schule oder theoretische Richtung geprägt sind. Vielmehr findet sich eine eklektizistische Anwendung unterschiedlichster Verfahren – *„Ich mache, was wirksam ist"* - so die Meinung vieler Anbieter.

Im Vordergrund stehen Methoden mit hohem Selbsterfahrungsaspekt sowie gruppendynamische Erfahrungen. Damit zeichnet sich für den Bereich Persönlichkeitsentwicklung eindeutig der Trend ab, besonders Erlebnisse und Erfahrungen, die im Zusammenhang mit der eigenen Person stehen, in den Mittelpunkt zu stellen und somit vor allem auch emotionale und affektive Bereiche einzubeziehen. Vielleicht ist dies ein Versuch, dem bloßen Herumdoktern an Symptomen ohne tieferen Bezugsrahmen entgegenzuwirken, wie es häufig auch Verhaltenstrainings vorgeworfen wird (Comelli 1985). Deutlich geringerer Wert wird der rein kognitiven Vermittlung von Wissen beigemessen, was offensichtlich auch dem Bedarf der Teilnehmer entspricht. So wurden beispielsweise Vorträge und Plenumsdiskussionen für Persönlichkeitsentwicklung kaum als nützlich empfunden.

Setzte man in den Anfängen von Persönlichkeitsseminaren auf Beziehungen in Gruppen, Erkennen von Kommunikationsmustern oder Selbst- bzw. Fremdbildanalysen (vgl. Encounter- und Sensitivity-Groups), so geht die Selbsterfahrung heute darüber hinaus. Der Trend zu Körperarbeit, fernöstlichen oder spirituellen Methoden zeigt sich in unserer Stichprobe.

Die Ergebnisse weisen jedoch darauf hin, dass diese Methoden nicht kritiklos von den Teilnehmern aufgenommen werden. Gerade esoterisch / spirituelle Verfahren empfanden über die Hälfte der Teilnehmer als nicht nützlich. Es ist zu vermuten, dass diese Verfahren eher den Mystikbedarf und das Gefühl des in die Welt Eingebundenseins befriedigen, als dass sie für Problemlösungen nützlich sind. Einzig Meditationsformen scheinen einen anderen Status zu haben. Sie werden als wesentlich effektiver empfunden und werden häufig auch abgekoppelt von spirituellen oder fernöstlichen Philosophien verwendet. Anwendung finden sie vor allem als Trainingstechnik und Entspannungsmethode.

„There is justification in regarding it (Transcendental Meditation, d. Verf.) as a training technique since it is claimed that it influences the way in which an employee approaches his whole life and therefore his job", schreibt Robinson (1985, S. 136) im *Handbook of Management Training*.

Weiterhin wird in der Untersuchung deutlich, dass einige Methoden stark der persönlichen Sympathie und der Persönlichkeitsspezifik unterliegen, wie beispielsweise künstlerische Verfahren, Fitness- und Ernährungstipps. Wer kein Müsli mag, der wird auch Tipps zur gesunden Ernährung mit Vollkornprodukten nicht als besonders hilfreich empfinden. Und wer nie gerne künstlerisch kreativ ist, wird auch aus seinen Bildern ungern etwas deuten lassen. Die Notwendigkeit zum ethisch verantwortungsvollen Umgang mit Methoden zeigte sich besonders bei Atemübungen. Hier berichteten die Teilnehmer, blauäugig fast bis zur Bewusstlosigkeit mitgemacht zu haben, ohne zu wissen, welche Wirkungen entstehen können. Auch bei der Verwendung persönlichkeitsdiagnostischer Verfahren wurde die Gefahr der Absolutierung und Fehleinschätzung kritisch angemerkt.

Als umstritten stellt sich in dieser Untersuchung auch die Methode des Neurolinguistischen Programmierens (NLP) dar. Diese stark verbreitete und gerade im Verkaufstraining gepriesene Methode (vgl. Bagley & Reese 1990) wird im Zusammenhang mit Persönlichkeitstrainings von knapp 40 % als nicht nützlich empfunden. Eine Teilnehmerin der Voruntersuchung bemerkte dazu: *„Am Anfang war ich ziemlich begeistert, aber mit gewissem Abstand bin ich froh, dass ich jetzt weiß, wie das funktioniert. Denn es ist ja irgendwo eine Methode, die darauf angelegt ist, andere Leute zu manipulieren, zu beeinflussen oder wie auch immer man das nennen mag."*

Es kann vermutet werden, dass angewandte Methoden gute Auskunft über die Zielrichtungen und das Vorgehen der Trainer in den Kursen geben. Hier müssen aber Einschränkungen gemacht werden. Es war einerseits festzustellen, dass häufig in eklektischer Form gearbeitet wird und damit selten Reinformen verglichen werden können. Andererseits lebt eine Methode vor allem im Zusammenhang mit den vermittelten Inhalten, Werten und Rahmenbedingungen, die Qualifikation der Trainer eingeschlossen. „Es ist praktisch unmöglich, für jede Methode ein eindeutiges Profil ihrer Merkmale zu zeichnen und es gibt keine ‚beste' Methode" (Neuberger 1991, S. 176 ff.). Sogar Schwertfeger (1998) als eine der wichtigsten deutschen Kritikerinnen von Psychokursen geht davon aus, dass viele Methoden verwendet werden können, um dem Menschen mehr Möglichkeiten einzuräumen, aber auch, um ihn zum konformen Ja-Sager für totalitäre Psychogruppen umzuformen.

Gerade bei Persönlichkeitstrainings bietet es sich daher an, für ein umfangreicheres Verständnis und gegebenenfalls eine Bewertung der Seminare, neben methodischen Herangehensweisen auch unspezifische Aspekte (vgl. Grawe et al. 1994) zu betrachten. Unspezifische Aspekte beinhalten latente Inhalte, zu denen auch implizite Theorien der Trainer oder die von uns erfassten Botschaften innerhalb der Seminare gehören.

5.4 Diskussion: Nutzen und Veränderungen

Persönlicher Nutzen

Die Teilnehmer zogen vor allem durch die Klärung von Fragen zur eigenen Person großen Nutzen aus Persönlichkeitstrainings. Mit dem Erkennen eigener Potenziale, dem Hinterfragen eigener Ziele und Wünsche oder dem Reflektieren von persönlichen Kommunikationsmustern erfüllten die Trainings letztlich viel von dem, was sie versprechen. Eine Ausnahme bilden Führungskräfte, die tendenziell häufiger von geringem Gewinn auf dem Gebiet der eigenen Persönlichkeit als andere Personen berichteten. Spielt dort die Angst vor den eigenen Schwächen eine Rolle? Wo doch gemeinhin gilt: Wer nicht funktioniert, wird aussortiert (Gross 1997, S. 8). Man könnte ebenso vermuten, dass Führungskräfte in größeren Seminaren stärker als Nicht-Führungskräfte befürchten, das Gesicht zu verlieren. Der Bedarf an Klärung ist auch bei Führungskräften da, doch suchen sie auf der Grundlage unserer Daten vor allem nach individueller Beratung durch Coaching oder gezielter Transferbegleitung.

Die Verknüpfung von Persönlichem und Beruflichem ist offensichtlich in vielen Seminaren gelungen, denn über die Hälfte aller Teilnehmer berichteten von beruflicher Weiterqualifikation und besserem Teamverständnis. Auffällig ist hier, dass bei externen Seminaren vor allem die persönliche Klärung und der Privatbereich hervorgehoben wurden. Bei firmeninternen Seminaren profitierte ein wesentlich größerer Prozentsatz der Teilnehmer von dem Erhalt konkreter Tipps und Tools zur Qualifikation für den Beruf. Die Spezifik dieser beiden Seminarformen wird damit ein weiteres Mal deutlich. Zu diskutieren wäre auch, weshalb Teilnehmer mit mittlerer Seminarerfahrung (6–10 Seminare) generell weniger vom Erhalt gezielter Tipps und Tools berichteten, dafür aber von persönlicher Klärung. In den anderen Gruppen mit geringer und hoher Seminarerfahrung traten diese großen Differenzen des subjektiven Nutzens nicht auf. Denkbar wäre, dass vor allem der Seminaranfänger (1–5 Seminare) stark nach konkreten beruflichen Tipps sucht, mit zunehmender Erfahrung aber die Arbeit an der eigenen Person in den Vordergrund gerät. Und letztlich auch der Erfahrene (11–20 Seminare) in einem guten Seminar beides sucht: Arbeit an sich (oder dem Team) verbunden mit umsetzbaren Tools.

Die Grundlagen für das Endergebnis vieler Kurse werden bereits durch die Erwartungen gelegt (vgl. Bronner & Schröder 1983). Deutlich zeigte sich das bei den Teilnehmern der alten Bundesländer. Sie waren es, die deutlich mehr Klärung im Privatbereich erwarteten und schließlich auch höheren Nutzen in diesem Feld berichteten. Interessant ist ebenso, dass der Bereich privater Beziehungsfragen zwar bei den Erwartungen keine Altersspezifik aufwies, sich aber als persönlicher Nutzen in der Gruppe der um die 40-jährigen signifikant von den anderen Altersgruppen unterscheidet. Vermutlich spielt dieses Alter für neue Zielbestimmungen, erste Karriererückblicke und das Hinterfragen von Familienangelegenheiten eine größere Rolle als angenommen. Ein Teilnehmer sagte dazu: *„Das kommt dann einfach dazu, aber man redet vorher nicht so gerne drüber".*

Konkrete Veränderungen durch die Seminare

Das Wirkungsspektrum der Kurse betrifft drei wesentliche Richtungen, die in unterschiedlichem Ausmaß bei jedem Teilnehmer präsent waren:

a) Steigerung des Wohlbefindens, erhöhtes Selbstvertrauen und mehr Klarheit bezüglich der eigenen Person,

b) Verbesserung interpersonaler Fähigkeiten (höhere Qualität der Kommunikation, gesteigerte Konfliktfähigkeit, mehr Kooperation ...) und

c) Entstehung neuer Perspektiven (Weltsichten, Problemsichtweisen) und Freundeskreise.

Selbsterfahrung und Reflexion des eigenen Handelns waren für die meisten Teilnehmer am wichtigsten (*„Ich konnte mich vier Tage nur mit mir befassen", „Wichtig war, das eigene Handeln anhand der neuen Erkenntnisse kritisch zu hinterfragen"*). Was also geschieht, ist ein Prozess der Klärung und des Empowerments. Wichtige Voraussetzung dazu scheint die persönliche Involviertheit durch das Thema zu sein, denn der Zusammenhang zwischen dem Ausmaß gesteigertem Wohlbefindens/Selbstvertrauens und dem Ego-Involvement ($r=.50$) war nach dem Zusammenhang mit der Trainerkompetenz ($r=.53$) am höchsten. Andererseits spielte auch die Vermittlung und Erprobung konkreter Handlungsmöglichkeiten eine entscheidende Rolle. Anhand realer Probleme und Situationen konnten neue Verhaltensweisen ausprobiert werden (*„Ich habe konkrete Hinweise für das Einbeziehen meines Teams erhalten", „Kommunikation zwischen Mitarbeitern wurde geübt"*). Für diesbezügliche Veränderungen fanden sich positive korrelative Zusammenhänge mit allen erhobenen Trainervariablen (Kompetenz $r=.54$; Sympathie $r=.66$; Teilnehmerorientierung $r=.50$). Weiterhin wurde deutlich, dass bereits ein Austausch mit anderen Kollegen oder Betroffenen hilfreich sein kann, um neue Sichtweisen für ein Problem zu erhalten, ein Zusammengehörigkeitsgefühl zu entwickeln oder Ballast auf die Gruppe zu verteilen. Hier spielte weniger der Trainer als vielmehr die Seminaratmosphäre ($r=.43$) eine Rolle.

Vergleicht man die drei grundsätzlichen Veränderungsrichtungen mit den von Grawe et al. (1994) postulierten wesentlichen Wirkungsperspektiven erfolgreicher Psychotherapieverfahren (Klärung, Problembewältigung, Beziehungsaufbau), entsteht eine grundlegende Übereinstimmung.

Mit unterschiedlichen Schwerpunkten arbeiten auch Persönlichkeitstrainings generell mit der Klärungsperspektive (Selbstverständnis der Person entwickeln), der Problembewältigungsperspektive (aktive Hilfe zur Problembewältigung) und der Beziehungsperspektive (gemeinsame Motivierung).

Die drei gefundenen Wirkrichtungen könnten für zukünftige Evaluationen als Grundlage dienen. Man müsste sie mit weiteren Items reliabel operationalisieren und könnte danach anhand von gefundenen Veränderungsschwerpunkten verschiedene Seminartypen ausfindig machen. Wesentlich für eine weitere Veränderungserfassung wäre das Hinzuziehen negativer Items („Ich bin verwirrt worden", „Ich war eher traurig" etc.), um so Aufschlüsse über destabilisierende Verfahren und Herangehensweisen zu erhalten.

Hinsichtlich der Auswirkungen der Trainings auf Persönlichkeitsmerkmale konnte die aufgestellte Hypothese insgesamt nicht bestätigt werden. Lediglich der negative Zusammenhang zwischen Veränderungen des Wohlbefindens / Klarheit und Selbstvertrauen und der Fähigkeit zur Selbstreflexion wurde deutlich. In der Literatur wird häufig erwähnt, wie wichtig Selbstbeobachtung und Selbstreflexion als Grundlagen für Veränderung sind (vgl. Mayer & Götz 1998). „Selbstreflexion ist,... ein sowohl mächtiges wie einfach zu erlernendes Instrument zur Verbesserung der Problemlösefähigkeit" (Dörner 1982, S. 45). Viele Trainings setzen deshalb die Reflexion an erste Stelle, bevor es um Veränderung geht. Vermuten könnte man auch, dass es die Fähigkeit zur Selbstreflexion überhaupt erst ermöglicht, kleine Veränderungen im Selbstvertrauen zu bemerken. Ist dies nicht gegeben, können auch keine Angaben zu Veränderungen gemacht werden.

Grundsätzlich muss die Gültigkeit der in der vorliegenden Untersuchung erfassten Persönlichkeitsmerkmale eingeschränkt werden. Die Skalen bieten lediglich Tendenzen, da sie nicht komplett aus den Ursprungsinstrumenten übernommen wurden. Bei Skalen, die aus dem Ursprungskontext gelöst verwendet werden, besteht ohnehin die Gefahr der herabgesetzten Validität. Die Persönlichkeitsinstrumente werden häufig auf Grundlage bestimmter Merkmalskonstrukte entworfen, deren Einzelteile erst im Gesamtkontext an Bedeutung gewinnen. Für zukünftige Messungen sollte man sich auf einige wenige, dafür aber komplett erfasste Merkmale konzentrieren.

Impulse und Botschaften für die Veränderung

Soll Persönlichkeitsentwicklung die Teilnehmer stärken, ist - im Gegensatz zu rein handlungsorientiertem kognitivem Fertigkeitserwerb - die Arbeit an Werten und Sinnfragen unabdingbar. Mit der Arbeit an der Persönlichkeit eines Individuums ist Ethik gefragt. Kritisch sollte dabei hinterfragt werden, aus welchen Quellen die vermittelten Ideologien,[19] Werte, Haltungen kommen, mit welchem Nachdruck (oder Druck) sie an die Teilnehmer weitergegeben werden und mit welchem Sinn sie vermittelt werden. In der Untersuchung kann nicht nachvollzogen werden, *wie* und in welchem Zusammenhang die erhobenen Botschaften vermittelt wurden. Die Inhalte wurden aber deutlich: einfache Lösungen und Lebensweisheiten. Dieses Faktum kann für die Praxis durchaus notwendige Pragmatik sein. Andererseits wird damit häufig ein Machbarkeitsmythos suggeriert, der an situativen Gegebenheiten oder individuellen Bedürfnissen vorbei arbeitet.

Es ist davon auszugehen, dass Angst und Unsicherheit durchaus eine wirkungsvolle Verkaufsgrundlage für diese Kurse bilden. Micklethwait und Wooldridge (1996) sind nach einem Überblick über die Entwicklung neuer Managementtechniken davon überzeugt, dass einfache Lösungen produziert werden müssen, um Erklärungsmuster für die zunehmende Komplexität der Welt zu schaffen. Somit würde Dissonanz und Angst reduziert. Die Inhalte der erfassten Botschaften deuten in der Tat auf eine Funktion zur Sinnstiftung und Vermittlung von Handlungszuversicht hin.

Gewinnerformeln suggerieren Erfolg, die, werden sie eingehalten, großen Erfolg versprechen. Gewinn und Verlust, Erfolg und Niederlage sind demnach allein mit den richtigen Gedanken machbar. Der eigentliche Grundsatz nach Selbstbestimmung und aktiver Kontrolle der Umwelt kippt ins Gegenteil, indem die Kontrolle an Regeln abgegeben wird. Was ursprünglich verlockend nach Orientierung und Sicherheit aussieht, entpuppt sich als Schleudersitz mit Kontrollverlust. Doch bevor die Farce richtig bemerkt wird, bieten die Anbieter neue, noch sicherere Lösungen an. Damit schließt sich der Kreis; die Anbieter pflegen die Ängste ihrer Klienten. Dennoch: Auf zuversichtliche Lebensweisheiten und pragmatische Lösungen sollte nicht grundsätzlich verzichtet werden. Sie unterstützen jeden zunächst verunsichernden Veränderungsprozess. Nur bringen Wunderpillen im Endeffekt wenig. Leider ermöglicht der Markt Anbietern, die ihre Methoden und Mittel auch kritisch reflektieren und von eingeschränkter Wirksamkeit sprechen, kaum eine reelle Chance. *„Die Trainer stehen ja unter dem Druck, dass die Leute nach Hause gehen und sagen: ‚Oh, das war gut' oder unbedingt diesen Aha-Effekt haben wollten, und das artet dann oft in Show aus"* (ein Teilnehmer).

---

19 Ideologie wird hier weiter gefasst und im Sinne von einer konkret vermittelten Sichtweise, von Einstellungen und Werten verstanden.

5.5 Diskussion: Transfer

Die wichtigsten Transferblockaden lagen überraschenderweise nicht an einer schwierigen Umsetzung der Theorie in die Praxis, sondern vor allem an Traditionen und Gewohnheiten, persönlichen Gründen sowie an Zeitmangel. Ungenügende Unterstützung durch Vorgesetzte, Mitarbeiter oder Familie und Freunde spielte eher eine geringe Rolle. Das deutet auf zwei entscheidende Sachverhalte hin:

a) Durch Reflexion werden im Training Veränderungen angeregt und Handlungsvoraussetzungen geschaffen – die eigentliche Umsetzung hängt aber vom Teilnehmer selbst ab (Motivation, Fähigkeit, das Wissen zu übertragen, Risikobereitschaft...). *"Das Eigentliche ist, dass man versteht, wie unterschiedlich man eine Idee in den verschiedenen Situationen der Praxis umsetzen muss." "Kurzfristig war's toll, langfristig war's wichtig"* (ein Teilnehmer).

b) Widerstand in Systemen (Unternehmen, Familie) erschwert die Umsetzung von Veränderungen vor allem dann, wenn die ungeschriebenen Grundsätze des Systems (Traditionen, Gewohnheiten) in Gefahr geraten.

Das liegt unter anderem daran, dass alte Strukturen oftmals zwar nur suboptimal arbeiten, aber unter den gegebenen Umständen noch immer gut, oft sogar effektiver als es neue Strukturen anfänglich sein können. Wenn zu diesen normalen Schwierigkeiten noch Ergebnisdruck mit Zeitmangel hinzukommen und die Unterstützung aus Familie oder Organisation (Vorgesetzte, Mitarbeiter) mangelhaft ist, ist eine Umsetzung von neu Gelerntem kaum möglich. Veränderungen werden vor allem dann blockiert, wenn sie nicht in die Routine passen. Das kann für das einzelne Individuum sowie für eine ganze Organisationen gelten (vgl. auch Gairing 1996, S. 234). *"Wie gelingen mächtige und durchsetzungsfähige Veränderungen, ohne dabei das Top-Management infrage zu stellen?"* (ein Teilnehmer).

Für die Implementierung neuer Ideen oder Wege hieße das wiederum, dass entsprechend der alltäglichen Routine kleine Schritte gegangen werden müssten: *"Für die vielen Fragen, Zweifel, Bauchschmerzen bei der täglichen Entscheidungsfindung wünschte ich mir regelmäßig Veranstaltungen, die mir den Rücken stärken"*, schrieb eine Führungskraft. Beispielsweise müssten grundsätzliche Strukturen parallel mit dem Gelernten verändert werden, seien es nun Einstellungen und Lebensstil beim Einzelnen oder die Unternehmenskultur im Ganzen.

5.6 Diskussion: Rahmenbedingungen und Wirksamkeitskriterien

Die quantitativ erfassten Beurteilungen von Trainer, Seminaratmosphäre, Teilnehmerzusammensetzung, Veranstaltungsablauf und persönlicher Betroffenheit durch das Thema (Ego-Involvement) fielen insgesamt sehr positiv aus. Auf der Grundlage des Modells von Bronner und Schröder (1983) sind damit einige wesentliche Voraussetzungen für den Lernerfolg in Seminaren erfüllt und die positiven Gesamteinschätzungen der Veranstaltungen gewissermaßen nachvollziehbar.

Interessanterweise erscheinen vornehmlich Merkmale des Gruppensettings, des Trainers oder der Seminardurchführung als Faktoren, die besonders gut gefallen hatten oder im Gegensatz kritisch aufgefallen waren. Das lässt vermuten, dass die Wirksamkeit durchaus von einigen klar definierbaren Punkten abhängt, deren Gesamtwirkung jedoch erst durch das Zusammenspiel der Einzelfaktoren entsteht. So kann beispielsweise im Kontext einer sehr heterogenen Gruppe Selbsterfahrung als unangebrachter Seelenstriptease oder als Bereicherung empfunden werden.

Welche Wichtigkeit wurde einzelnen Faktoren zugeschrieben? Die Beurteilungen ergaben folgende Rangfolge:

1. Professionalität des Trainers,
2. Persönlichkeit und Ausstrahlung des Trainers,
3. vermittelte Methoden und Theorien an sich und Atmosphäre in der Gruppe,
4. ganzheitliches, selbsterfahrungsbezogenes Lernen,
5. individuelles Arbeiten mit den Teilnehmern und
6. Rahmenbedingungen des Seminars (Umgebung, Verpflegung, Regeln ...).

Am deutlichsten zeigte sich der Einfluss der Trainer. Sowohl fachliche Professionalität als auch Persönlichkeit und Ausstrahlung wurden von den Teilnehmern als sehr wesentlich für das Ergebnis des Seminars eingeschätzt. Der Trainer muss die Inhalte sicher und überzeugend darbieten, um den Teilnehmer zur Umsetzung der Dinge zu motivieren. Auch das Eingehen auf den Teilnehmer, die individuelle Betreuung, scheint entscheidend.[20] Ist diese Beziehung nicht vorhanden, werden Sympathie und Kompetenz auch geringer eingestuft. Umgekehrt wird dieses Bemühen mit Sympathie honoriert, selbst wenn der Trainer nicht die optimale fachliche Kompetenz aufweist. Neben kognitiv-didaktischen

---

[20] Die Relevanz der Teilnehmerorientierung wird auch in anderen Untersuchungen belegt (vgl. Götz 1998b, S. 108).

Aspekten zeigen sich damit auch affektive Komponenten in Form von Sympathie und vor allem Mitbestimmung und Einbezug der Teilnehmer als Grundfaktoren einer guten Trainerarbeit. Grawe et al. (1994) kennzeichnen eine gute Beziehung von Therapeut und Klient als einen der am besten empirisch abgesicherten Wirkfaktoren der Psychotherapie. Anhand der Daten ist davon auszugehen, dass Persönlichkeitstrainings ähnlichen Prämissen unterliegen, vielleicht gerade, weil diese Veranstaltungen oft Züge einer Kurzzeittherapie annehmen.

Geheimrezepte sind dennoch aus diesen Daten nicht ableitbar. Hervorzuheben sind jedoch zwei Dinge:

a) Seminare zur Persönlichkeitsentwicklung (vor allem externe, offene Gruppen) nutzen gegenüber anderen Seminarangeboten besonders häufig unspezifische Wirkfaktoren durch spektakuläre Umgebung oder Rahmengestaltung (Kloster, Schlichtheit, strenge Regeln, spezielle Ernährung ...).

b) Eine konstruktive Arbeit an der eigenen Person erfordert entsprechende Rahmenbedingungen. Werden sie nicht eingehalten, stoßen Persönlichkeitstrainings (vor allem mit hohem Selbsterfahrungsanteil) an ihre Grenzen.

Wer vorbehaltlos eigenes Verhalten reflektieren und Schwächen bearbeiten will, muss offen sein: sich selbst gegenüber, aber vor allem den anderen Teilnehmern im Kurs gegenüber. Vor dem Hintergrund wirtschaftlicher Konkurrenzlogik kann jedoch diese Öffnung unangebracht und kontraproduktiv sein: Offenheit kippt zur Selbstentblößung. Es entstehen Meinungen, wie sie auch in unserer Untersuchung geäußert wurden: *„Seelenstriptease; zu viel über sich preisgeben müssen; Schwächen zeigen"*. Das Ziel des Trainings sollte unbedingt im Vorfeld genau hinterfragt werden. Sollen das Firmenklima und der Zusammenhalt gestärkt werden oder stehen ökonomische Probleme auf der Tagesordnung? Es kann sinnvoller sein, Themen wie Kommunikation oder Beziehungen im Team in einer (supervidierten) Team- oder Projektarbeit anzugehen, als in externen Seminaren Widerstand wegen unökonomischen Psychologisierens heraufzubeschwören.

Aber auch ohne wirtschaftliche Konkurrenzlogik kann intensive Selbsterfahrung kritisch werden, wenn eine Destabilisierung der Person empfunden wird *(„Gefahr für die eigene Seele, das Erlebte in all seiner Intensität zu sehen und zu fühlen")*.

Spätestens dann sind Bedingungen gefordert, wie sie in einer Psychotherapie üblich sind:

- individuelle Betreuung,
- Einbezug der Erfahrungen und Vorgeschichte des Einzelnen, ohne neue Konzepte überzustülpen,
- ausreichend Zeit für einzelne Themen,
- Sicherheit spendende Rahmenbedingungen (beispielsweise positive Atmosphäre, Schweigepflicht) und
- Follow-up Konzeptionen oder zumindest die Möglichkeit der Rückmeldung und Integration der Transfererfahrungen (Hotline, individuelle Nachbetreuung in bestimmten Zeitabständen und anderes mehr).

6 Resümee und Ausblick

Zum Abschluss soll auf drei Punkte eingegangen werden, die im Rahmen dieser Untersuchung immer wieder von Interesse waren:
- Wie kann der Erfolg eines Seminars optimiert werden?
- Was kann die Forschung künftig zur Evaluation dieser Trainings beitragen?
- Persönlichkeitstrainings – eine Kontroverse ohne Ende?

Wie kann der Erfolg eines Seminars optimiert werden?

a) Das Ergebnis beginnt mit der Vorbereitung. Eine Analyse mit dem Blickwinkel auf Bedarf, Ziel und bisheriges Potenzial ermöglicht im Vorfeld eine differenzierte Auswahl des Seminars nach Durchführungsform, Methoden, Gruppenzusammensetzung sowie Rahmenbedingungen (Extern vs. Intern, Selbsterfahrung oder konkrete Problembewältigung...). Gleichzeitig kann durch Absprache mit Vorgesetzten, Kollegen oder Familie der Transfer bereits vorbereitet werden.

b) Im Training selbst werden im Optimalfall drei Perspektiven angesprochen: Klärungsperspektive, Problembewältigungsperspektive und Beziehungsperspektive (vgl. Grawe et al. 1994). Das heißt:

- *Klärung*
  Was will der Teilnehmer, warum und wozu? (Motive, Ziele, Werte, Selbstverständnis).
  Über Selbstreflexion gewinnen Systeme Eigenmotivation zur Veränderung. Im Gegensatz zur Psychotherapie, wo häufig Leidensdruck Motivator ist, muss diese bei Seminaren eher erst durch Reflexion geschaffen werden.

- *Problembewältigung*
  Was kann der Teilnehmer und was fehlt ihm zum Erreichen der Ziele?
  Wenn es mit den Zielen vereinbar ist, können beispielsweise alternative, ungewöhnliche Methoden durchaus zu neuen und kreativen Wegen des Problemlösens führen, indem sie beim Lernen sowohl kognitive als auch affektive Aspekte fördern.

- *Beziehung*
  Beziehungsaufbau Trainer / Teilnehmer sowie Teilnehmer / Gruppe (Motivation, Sicherheit, Vertrauen)

d) Die zur Verfügung stehenden Rahmenbedingungen sollten bewusst eingesetzt werden (vgl. Grawe 1994, S. 696 ff.):

- Probleme und Schwierigkeiten werden am besten in dem Setting behandelt, in welchem sie aktualisiert werden (zum Beispiel Teamfragen direkt im Team angehen, Probleme in Projektgruppen anhand realer Situationen bearbeiten).

- Je ausgedehnter die Dauer, desto geringer der Zuwachs an Wirkung (Intensiv-Seminare über 3–5 Tage können durchaus hohe Wirkung erzielen; wichtig ist eine Transfersicherung im realen Kontext).

- Bei Gruppensitzungen sind förderliche Gruppenbedingungen notwendig (Teilnehmerzusammensetzung, Motivation/Anliegen der Gruppenmitglieder klären, konstruktive Atmosphäre ...).

e) Transferhindernisse sollten einkalkuliert werden (Gewohnheiten, Spielregeln, Macht, Zeitdruck ....). Veränderungen müssen in die Routine passen (Wechsel zwischen Arbeits- und Reflexionsphasen in Teams / Projekten). Psychologische Weiterbildung soll auch mit ökonomisch-technischen Zielen zu vereinbaren sein. Menschen verändern sich schneller, wenn eine Diskrepanz zwischen Erwartungs- und Eintrittswerten auftritt. Sie kann positiver Art (Erfolgserlebnisse) oder negativer Art (Krisen) sein.

f) Einfache Botschaften und Lebensweisheiten entsprechen dem Bedarf der Menschen in Veränderungen, zwar nicht als Wunderpille, wohl aber als Sicherheitsgurt. Grundsätzlich gilt eines: Der Teilnehmer muss wollen, können und dürfen!

Was kann die Forschung künftig zur Evaluation dieser Trainings beitragen?

Bisher wurde im Rahmen der Evaluation vor allem Wert auf Erfolgsnachweise gelegt. Doch gerade Kritiker von Persönlichkeitstrainings und so genannten Psychokursen weisen darauf hin, dass nicht mehr nur Wirksamkeit allein im Vordergrund stehen kann, sondern die differenzierte Erforschung von *Wirkungsprofilen.*

Unter welchen Bedingungen, im Zusammenhang mit welchen Methoden und bei welchen Teilnehmervoraussetzungen kann ein Training kritisch oder besonders erfolgreich sein? Gelänge es, grundlegende Wirkfaktoren zu extrahieren und allgemeine Veränderungsmerkmale zu erfassen, könnten damit auch für verschiedene Trainings kompatibel einsetzbare Messbatterien zusammengestellt werden. Im Endeffekt wäre ein Vergleich verschiedener Formen und auch ein gezielterer Einsatz möglich.

Eine Grundannahme dazu wäre, dass sich Veränderungen in höchst spezifischen Zusammenhangsmustern abspielen, die sich aber zwischen verschiedenen Formen von Persönlichkeitstrainings sehr unterscheiden. Letztlich muss man unterscheiden: Geht es um Beurteilungen von Kursen und Verfahren, sind obige Verfahren eine neue Chance. Geht es jedoch um den effektiven Einsatz dieser Trainings im betrieblichen Kontext, sind unbedingt Transferspezifika einzubeziehen (Organisationsbedingungen, Unternehmenskultur ...). Gerade Letzteres ist schwieriger, denn dort müssen neue, vielleicht umfangreichere Evaluationen in die Routine passen. Vor zunehmendem wirtschaftlichen Druck wird es schwieriger, Führungskräfte und Mitarbeiter für derartige Aufgaben zu gewinnen. Doch die vorliegende Untersuchung zeigte, dass sie dann, wenn sie erst eingewilligt haben, reflektierende Forschungspartner sind.

Persönlichkeitstrainings – eine Kontroverse ohne Ende?

Die Ergebnisse zu Persönlichkeitstrainings in der vorliegenden Studie sind positiv ausgefallen. Kritisch sind diese Trainings dann zu sehen, wenn Psychotherapie statt Fortbildung betrieben wird und der rechte Rahmen dafür fehlt. Von mentaler Umprogrammierung oder Manipulation hingegen, wie sie Kritiker beschreiben, zeigen die Ergebnisse wenig. Vielleicht können sie das auch gar nicht, denn unter Umständen ist das nur im direkten Prozess erfassbar. Das heißt, eine kritische Aufklärung zu sektenähnlichen Gruppen und Psychokulten bleibt durchaus richtig und notwendig (vgl. dazu Hemminger, 1996; Schwertfeger, 1998).

Für die breite Masse der Trainings entstehen jedoch kritische Punkte an anderer Stelle. Weniger auffällig, als sinnvoll erscheinend auf den ersten Blick, auch der heutigen Zeit und dem Karrierekampf angemessen, aber für die Zukunft u. U. verhängnisvoll. Gemeint sind die beinahe allseits vermittelten Erfolgsideologien. Mit dem Schwerpunkt auf Selbstverwirklichung, Selbstbestimmung und Unabhängigkeit sollen sie den Menschen befähigen, weniger Opfer, mehr Macher zu sein, und Verantwortung für das eigene Leben zu übernehmen. Was jedoch in den meisten Fällen von wohl gemeinten, das Selbst stärkenden Botschaften übrig bleibt, ist deren banalisierte Form: ein egozentrisches Menschenbild. „Erfolg ist der Spitzenwert!" und alles, was nicht in den Karriereweg paßt, muss abgestoßen werden. Hier taucht die Frage auf: Persönlichkeitsentwicklung, ja – aber zu welchem Preis? Für Menschen gemacht, die nie krank werden und niemanden wirklich brauchen?

Vor diesen Hintergründen bleibt die Tatsache bestehen: Persönlichkeitstrainings bergen Chancen und Probleme zugleich. Ein Urteil bleibt dem Einzelnen bei jeder Veranstaltung erneut überlassen.

Wenn die Frage nach „hop oder top" letztlich nur im Einzelfall entscheidbar ist, warum sollte man sich dann weiter mit ihr aufhalten? Der Hund bellt, die Karawane zieht weiter! Wer sich jedoch irgendwann bewusst mit Fragen zu diesen Veranstaltungen auseinandergesetzt hat, wird zukünftig die eigene Linie und den eigenen Standpunkt dazu klarer bestimmen können, als jemand der dies nie tat.

Wegweiser für Persönlichkeitstrainings
(ein Überblick: Wer / Was / Wie)

(unter Mitarbeit von Dagmar Hopf und Bianca Mund)

Kurz und bündig

| 1 | Methoden-Know-how |

| 2 | Coaching |

| 3 | Seminarauswahl |

| 4 | Anbieterauswahl |

| 5 | Bewertungsgrundlagen |

| 6 | Adressen, Ansprechpartner |

Einleitung

Man muß noch Chaos in sich haben, um einen tanzenden Stern gebären zu können.

Friedrich Nietzsche

Persönlichkeitsentwicklung ist etwas ganz Individuelles. Vielleicht muss tatsächlich etwas inneres Chaos dazu gehören, um sich auf den Weg dorthin zu begeben.

Das äußere Chaos hingegen, das beim Umgang mit dem breiten Thema Persönlichkeitsentwicklung und speziell bei der Seminarauswahl auf dem schwer überschaubaren Markt für Persönlichkeitstrainings immer wieder auftreten kann, muss nicht unbedingt dazu gehören!

Deshalb ist dieser Abschnitt für den eiligen Leser und natürlich auch für die eilige Leserin entstanden. Die Passagen richten sich an Interessenten von Persönlichkeitstrainings und für diejenigen, die sich mit Maßnahmen zur Persönlichkeitsentwicklung in verschiedenen Kontexten befassen– für den Teilnehmer, für Berater, für Personalentwickler, für Weiterbildungsverantwortliche ... .

Als kleiner Wegweiser liefert er in aller Kürze Informationen zu folgenden Bereichen:

- ✓ **Was verbirgt sich hinter verschiedenen Methoden und Verfahren der Persönlichkeitsentwicklung?**
- ✓ **Wie wähle ich ein für mich geeignetes Seminar aus?**
- ✓ **Wie kann ich einen guten Anbieter finden?**
- ✓ **Wonach kann ich die Qualität eines Seminars beurteilen?**
- ✓ **Ansprechpartner, Adressen, Literatur**

Der Überblick ist modulartig aufgebaut und kann je nach Anliegen und Interesse von verschiedenen Ausgangspunkten aus bearbeitet werden. Wir möchten Ihnen mit diesem Abschnitt Informationen, Anregung, Klärung, konkrete Hilfe (Checklisten) und praktische Umsetzbarkeit bieten!

Denn:

Sinn des Wissens ist die Vorausschau, Sinn der Vorausschau ist die Ermöglichung der Tat.

Ortega Y Gasset

1 Methoden-Know-how

Trainingsveranstaltungen zur Persönlichkeitsentwicklung – ein Methodenspektakel?

Themen der Persönlichkeitsentwicklung prägen sowohl betriebliche Weiterbildungsangebote wie auch Lebenshilfeangebote, oftmals in Form von so genannten Psycho- und Erfolgskursen. Eher selten finden sich konkret abgrenzbare, reine Persönlichkeitstrainings. Vielmehr geht es häufig um den Schwerpunkt Persönlichkeit im Rahmen von Teamtrainings, Kommunikationsseminaren, Verkaufsschulungen und vieles mehr. Der Fokus kann auf dem einzelnen Teilnehmer, den Beziehungen in der Teilnehmergruppe oder auf den Teams liegen.

Wissenschaftlich definierte Festlegungen zur Abgrenzung von Persönlichkeitstrainings gibt es bisher nicht. Als einfachste Grundregel gilt: wenn der Teilnehmer das Gefühl hatte, dass an der eigenen Persönlichkeit gezielt und bewusst gearbeitet wurde, kann die Veranstaltung dem Genre Persönlichkeitstraining zugeordnet werden. Damit wird deutlich, wie umfangreich und vielfältig dieser Bereich ist.

Wie kann man aber dennoch einen Überblick gewinnen?

Erste Möglichkeiten bestehen darin, sich zu verdeutlichen a) *in welcher Form* persönlichkeitsorientierte Interventionen vorrangig eingesetzt werden und b) *unter welchen inhaltlichen Schwerpunkten* diese Veranstaltungen häufig stattfinden.

Persönlichkeitsorientierte Veranstaltungen werden durchgeführt als:

- *firmeninterne Seminare* (bekannte oder untereinander unbekannte Firmenmitglieder treffen sich außerhalb der Firma oder in-house; meist für Teams oder Projektgruppen; externe oder interne Trainer),
- *externe offene Seminare / Trainings* (offene, frei zusammengestellte Gruppen; externe Trainer),
- *individuelles Coaching* (Einzelberatung durch Coachs oder Therapeuten oder firmeninterne Beratung durch Personalentwickler) und
- *Teamcoaching/Teamsupervision* (prozessbegleitende Teamberatung, Projektcoaching).

> *Inhaltliche Schwerpunkte:*
>
> - *Klärung von Fragen und Problemen zur eigenen Person:*
>   persönliche Ziele, Lebensentwürfe, Lebens- und Karriereplanung; Bearbeitung von Misserfolgen, Krisen, Veränderungen; Selbstreflexion und Sinnfragen (Vergangenheit/Zukunft)
>
> - *Stress und Stressmanagement:*
>   körperliche, geistige und seelische Gesundheit
>
> - *Schnittstellen von Arbeit / Freizeit / Familie:*
>   Rollenkonflikte, Rollenverteilungen zwischen Beruf und Privatem; Fragen zu privaten Beziehungen, Partnerschaft und anderes mehr.
>
> - *Verknüpfungen zum beruflichen Bereich:*
>   Führung und Kommunikation; effektivere Arbeitsorganisation und Leistungsverbesserung; Entwicklung von Sozialkompetenzen wie Kooperation, Konfliktfähigkeit, Intuition; Potenzialanalyse und -entfaltung; Teambildung, Teamarbeit, Berufsethik – um nur einige zu nennen.
>
> (vgl. Regnet 1997)

Obwohl inhaltliche und methodische Schwerpunkte immer sehr eng verknüpft sind, können die eingesetzten *Interventionsmethoden und –verfahren* wichtige Erkenntnisse zur Einordnung liefern. Einige genutzte Interventionsansätze bzw. –methoden sind:

a) Kognitiv orientierte Wissensvermittlung
(Vorträge, Plenumsdiskussionen ...)

b) gruppendynamische Trainingsformen
(Gruppenarbeit mit Schwerpunkt auf zwischenmenschlichen Kommunikations- und Verhaltensmustern, Outdoor Wilderness Trainings, gruppendynamische Verfahren ...)

c) psychotherapeutische Ansätze und Techniken
  - verhaltenstherapeutische Verfahren (Rollenspiele, Verhaltenstraining)
  - tiefenpsychologische Verfahren (Psychoanalyse, analytische Verfahren nach Adler/Jung)

- humanistische Ansätze (Transaktionsanalyse, Logotherapie nach Frankl, Gesprächstherapie, Biografiearbeit / Skriptanalyse)
- systemische und familientherapeutische Ansätze
- Entspannungsverfahren (Autogenes Training, Progressive Muskelrelaxation, Fantasiereisen ...)
- suggestive Verfahren (Neurolinguistisches Programmieren, Hypnose ...)

d) persönlichkeitsdiagnostische Methoden
- wissenschaftliche Persönlichkeitsinventare (beispielsweise Freiburger Persönlichkeitsinventar, Trierer Persönlichkeitsfragebogen)
- wissenschaftlich ungeprüfte Methoden (Biostrukturanalyse, Enneagramm)

e) Körper- und Bewegungsverfahren
- Atemarbeit, fernöstliche Verfahren wie: Meditation, Tai Chi, Joga ...

f) künstlerisch-kreative Verfahren
- Tanz, Musik, Handwerk, Märchenarbeit ...

g) Fitness-, Ernährungsberatung, Lifestyling
- Farbberatung, Umgangsformen ...

h) esoterisch-spirituelle Verfahren
- Astrologie, schamanistische Rituale, Feuerlauf, Positives Denken, Tarot

Die Ursprünge vieler Trainings entstammen gruppendynamischen Trainingsformen, wie Encounter-Gruppen und Sensitivity-Trainings (70er-Jahre). Dabei standen Selbst- und Fremdwahrnehmung, Offenheit und Rückmeldungen über zwischenmenschliche Beziehungen in der Gruppe sowie Möglichkeiten zur Selbstentfaltung in der Gruppe im Vordergrund (vgl. Dorsch et al. 1994). Später implementierte man vermehrt berufliche Situationen und Problemstellungen (Arbeitsmethodik, Zeitmanagement, Führungskompetenz ...) in persönlichkeitsorientierte Interventionen. Für den Einzelnen wuchs das Interesse an Fragen zur beruflichen Karriere, Erfolgsregeln und neuen ungewöhnlichen Methoden (vgl. Gairing 1996; Neuberger 1994; Winkler & Stein 1994).

Betrachtet man das heutige Methoden- und Themenspektrum, so scheint es, dass sowohl Unternehmen wie auch Anbieter (gerade von offenen Trainings) vor der Notwendigkeit zur Innovation stehen. Immer wieder sollen sie Neues anbieten, werden geneigt, gewissen Modetrends, wie fernöstlichen Verfahren, zu folgen. Viele Anbieter bevorzugen eine eklektizistische Herangehensweise, bei der sowohl theoretische Konstrukte als auch Gestaltungs- und Interventionsmethodik aus verschiedenen Richtungen übernommen werden. Nicht selten herrscht die pragmatische Prämisse: Ich mache, was wirksam ist.

Für den Interessenten ist ein breit gefächertes Methodenspektrum bei professioneller Anwendung positiv, bereitet aber für die Auswahl von geeigneten Anbietern mitunter Probleme. Denn die Auskünfte über Methoden und Seminarablauf sind in Werbeprospekten oft spärlich und nicht selten weiß der Teilnehmer kaum, was sich hinter den Beschreibungen verbirgt.

Zur besseren Orientierung sind im folgenden Abschnitt zahlreiche Interventionsmethoden und eine neutrale Kurzerklärung aufgeführt.

Das ‚Who is Who' persönlichkeitsorientierter Methoden

Meist werden aus verschiedenen Richtungen sowohl theoretische Kon-strukte als auch methodische Verfahren übernommen und vermischt (vgl. Federspiel & Lackinger-Karger 1996; York 1996). Die nun aufgeführten Interventionsrichtungen werden mit ihren Bezeichnungen in den Seminaren häufig nicht in ihrer klassischen Form wieder zu finden sein, sondern eher deren modellhafte Vorstellungen und Philosophien sowie einzelne methodische Mittel. Oftmals verschmelzen dabei auch psychotherapeutische Arbeit und Fort- bzw. Weiterbildung.

Die folgenden Ausführungen beschreiben vor allem den Entstehungshintergrund, Hauptinhalte, Grundverständnis, Anwendungsformen und Anwendungsgebiete einzelner methodischer Richtungen. Dies soll lediglich darstellenden Charakter haben und keine Bewertung sein. Bewusst wurden auch alternative und ungewöhnliche Interventionsrichtungen einbezogen, da diese auf dem so genannten Psychomarkt einen großen Raum einnehmen. Nicht selten haben sie bei den Kunden große Anreizwirkung, obwohl das Wissen darüber eher gering ist.

a) Klassische Methoden der Wissensvermittlung

Vorträge/Referate, Plenumsdiskussionen, Gruppendiskussionen und Fallstudien (case studies) sind klassische didaktische Verfahren der Erwachsenenbildung. Sie sind in beinahe jedem Seminar in irgendeiner Form Bestandteil der Wissensvermittlung und Auseinandersetzung mit dem Lernstoff.

Gruppenarbeit

Der Grundgedanke von Gruppenarbeit besteht darin, dass verschiedene Personen einer Gruppe unterschiedliche Ansichten, Werte oder Herangehensweisen an ein Problem einbringen können. So können einerseits viele alternative Lösungen entstehen und andererseits kann der Umgang untereinander während der Gruppenarbeit beobachtet und im Anschluss reflektiert werden. Die Vorzüge von Gruppenarbeit sind, dass die Teilnehmer gefordert sind, durch die gegebene Freiheit, Dinge selbst zu gestalten. Die Trainer agieren eher passiv.

Je nach Ziel der Gruppenarbeit werden verschiedene Formen eingesetzt. Klassisch ist die Vergabe einer Problemlöseaufgabe, die in einer bestimmten Zeit und unter Zuhilfenahme aller verfügbaren Ressourcen und Mittel gelöst werden soll. Meist zählt nicht das richtige oder falsche Ergebnis, sondern der Gruppenprozess an sich. Die Aufgabe funktioniert als Vehikel für die Teamarbeit. Eine andere Form ist die Diskussion offener Fragen in der Gruppe zum Sichtbarmachen von Werten, Ansichten und der Diskussionskultur.

Rollenspiel

Kernpunkt ist die spielerische Auseinandersetzung mit realitätsnahen Situationen und Rollen in diesen Situationen. Häufig erhalten die Spieler Rollenbeschreibungen, die sie im Spiel mit eigenen Fähigkeiten, Fertigkeiten und Strategien ausfüllen können. Verwendet werden verschiedene Themenstellungen, häufig auch Interviews, Verhandlungen und Diskussionen in der Gruppe. Möglich ist ein Rollentausch nach der Hälfte der Spielzeit und Selbstkonfrontation - beispielsweise eine Videoaufzeichnung und eine daran anschließende Reflexion des eigenen Spiels. Voraussetzung für den Einsatz von Rollenspielen sind kleine Gruppen, eine gute Atmosphäre, Kooperation und Vertrauen. Eine Gefahr besteht in der Furcht vor Prestige- und Imageverlust, da ein praktisches Demonstrieren schnell als richtig oder falsch gewertet wird.

b) Der Bereich der Humanistischen Psychologie

Gestalttherapie

Friedrich Salomon Perls (1893-1970) begründete und entwickelte in Zusammenarbeit mit seiner Ehefrau Lore Posner Perls (1905-1990) die Konzepte der Gestalttherapie. Sie versteht sich als ganzheitliches Verfahren, das nicht nur die seelischen, geistigen und körperlichen Bereiche der Klienten, sondern vor allem auch deren sozialen, kulturellen und ökologischen Lebenszusammenhang betrachtet. Ziel ist es, dass die Menschen selbstverantwortlich handeln, auf Klischees verzichten und lernen, ihre wahren Bedürfnisse zu erkennen und offen und frei zu leben. Die drei Grundprinzipien der Gestalttherapie sind Erleben, Wahrnehmen und Selbstunterstützen. Erlebt werden sollen die Gefühle im Hier und Jetzt unter bewusster Wahrnehmung der Umwelt. Selbstunterstützung wird im Sinne einer Selbstakzeptanz angeregt. Der Mensch lernt, sich selbstbewusst und selbstverantwortlich für sich *selbst/sein Selbst* zu entscheiden. In der klassischen Form wird Gestalttherapie in der Gruppe durchgeführt. Eine wichtige Technik bei der Bearbeitung der Probleme der Teilnehmer ist die des heißen Stuhls. Angeboten wird Gestalttherapie für neurotische und psychosomatische Störungen sowie zur Selbsterfahrung.

Psychodrama

Das Ziel des Psychodramas ist das Aufdecken innerer Seelenvorgänge durch szenisches Spiel. Es wurde von Jacob Levy Moreno (1889-1974) entwickelt. Jeder Mensch ist in ein soziales Netz eingebettet und spielt im Rahmen der Gesellschaft seine Rolle. Jede Rolle hat zwei Anteile: den gesellschaftlich erwarteten und kulturell vorgegebenen Anteil und die kreative Rolle, die man spontan gestalten kann. Dieses spontane Gestalten wird erprobt, um eingefahrene Rollen abzulegen und ein großes Rollenrepertoire zu erwerben. Es sollen damit Konflikte und Beziehungsstörungen geklärt werden. Das Psychodrama dient weiterhin der Selbsterfahrung und der Aufdeckung der Lebensgeschichte.

Transaktionsanalyse

Die Transaktionsanalyse wurde von Eric Berne (1910-1970) entwickelt. Er beschreibt dabei ein Modell der Persönlichkeit mit drei Ich-Zuständen: Kind-Ich, Eltern-Ich und Erwachsenen-Ich. Alle Zustände haben positive und negative

Seiten. Je nach Lebenssituation besetzt der Mensch diese Zustände mit Energie. Daher kommt auch der Name: Transaktion (lat. = hinzufügen, zu Ende bringen). Diese Transaktion bezieht sich auf jeden Austausch zwischen Personen. Jeder Mensch hat bestimmte Muster (so genannte Skripte), nach denen er sein Leben gestaltet und welche die Art und Weise des Umgangs mit anderen bestimmen.

Die Grundlagen sind das Konzept zur Struktur der Persönlichkeit (Eltern-Ich, Erwachsenen-Ich, Kind-Ich), das Konzept zur Gestaltung von Beziehungen (das sind Kommunikationsmuster zwischen den verschiedenen Persönlichkeitszuständen) und das Konzept zur Lebensgestaltung (Phänomen des Gefangenseins im eigenen Skript). Es soll deutlich werden, wie frühe familiäre Erfahrungen und Verhaltensmuster im Sinne unbewusster Wiederholung einengend auf die gegenwärtige Lebensgestaltung wirken können. Die Auseinandersetzung mit der aktuellen Situation soll dazu führen, dass das eigene Ich, so wie es ist, als o. k. erlebt wird. Auch andere sollen in ihren Verhaltensweisen akzeptiert werden: Ich bin o.k. – du bist o.k. als anzustrebende Lebensgrundposition.

In Managementtrainings wird die Transaktionsanalyse eingesetzt, weil anhand dieser Konzepte psychologische Hintergründe von Personen und Beziehungen in beschreibender Weise gut verständlich dargestellt sind. Kritisch ist jedoch zu betrachten, wenn nur stark vereinfachte Phrasen den Konzepten entnommen und dargeboten werden.

Biografiearbeit

Ausgangspunkt ist meist die Reflexion der Gegenwart (Ist-Zustand). Es schließt sich das Betrachten der Vergangenheit und der Zukunft an. Es sind verschiedene Ansätze und Formen möglich, die wiederum aus verschiedenen theoretischen Richtungen stammen. Die Analyse der Lebenslinie (Was bin ich? Was will ich? Was muss aufgearbeitet werden? Was muss ich loslassen?) entstammt teilweise aus den Konzepten der Transaktionsanalyse. Das Lebenszyklus-Modell basiert auf der Psychologie C. G. Jungs.

Bei der Anwendung im Managementtraining werden mehrere Ziele verfolgt: neue Impulse und Sichtweisen durch persönliche Reflexion zu erarbeiten, den eigenen Standort zu bestimmen, Ideen für die Zukunftsgestaltung zu sammeln und eigene, gegebenenfalls verdeckte Motive und Sinnzusammenhänge zu erkennen.

c) Der Bereich der Entspannungsverfahren

Autogenes Training

Das Autogene Training wurde von Johannes Heinrich Schultz (1884–1970) entwickelt. Es ist ein Verfahren, bei dem der Anwender aus sich selbst heraus, durch Selbstsuggestionen, Entspannung erzeugt. Anwendungsbereiche sind Stressbewältigung, Umgang mit Überlastungssituationen, Erkrankungen mit Verkrampfungen und Verspannungen, innere Unruhe, Störung der Konzentrationsfähigkeit, Schlafstörungen.

Progressive Muskelrelaxation

Dieses Entspannungsverfahren wurde von Edmund Jacobson (1885–1970) entwickelt. Hier soll die Entspannung durch Anspannung und genaues Beobachten der Empfindungen beim anschließenden Lösen der Anspannung und der sich ausbreitenden Entspannung erreicht werden. Für die Übungen sucht man sich eine bequeme Lage im Liegen oder Sitzen. Dann werden einzelne Muskeln oder Muskelgruppen gezielt entspannt und dann gelockert. Anwendungsbereiche können die Bewältigung von Stress-Situationen, die Behandlung von Nervosität, Unruhe, Schlafstörungen und Muskelverspannungen sein.

d) Der Bereich der Imaginationsverfahren

Hypnotherapie

Hier wird der Versuch gemacht, durch Hypnose tief liegende Erlebnisschichten zu erreichen und ressourcenorientiert zu aktivieren. Ziel ist, Gedanken und Vorstellungen, die bisher zu unangebrachtem Verhalten führten, neu zu arrangieren, sodass neues Verhalten möglich wird. Mittel dazu sind das Vorstellen von Bildern oder Reisen durch Fantasiewelten.

Katathymes Bilderleben

Dieses Verfahren wurde von Hanscarl Leuner (*1919) entwickelt. Man kann es als eine Art Tagträumen verstehen. Der Ausgangspunkt ist, dass die Bilder vor dem inneren Auge Gefühle und unbewusste Konflikte widerspiegeln. Dieser innere Film läuft in der Regel unbewusst während des ganzen Tages ab. Beim Katathymen Bilderleben soll man sich in einem leichten Entspannungszustand darauf konzentrieren, um die Bilder bewusst wahrzunehmen. Sie werden mithilfe des Therapeuten im Zusammenhang mit der persönlichen Lebensgeschichte gedeutet. Angewendet wird dieses Verfahren als Kurzzeittherapie-Verfahren und Krisenintervention.

Neurolinguistisches Programmieren (NLP)

NLP wurde Mitte der 70er-Jahre von Richard Bandler und John Grinder entwickelt. Sie studierten die Sprache, Gestik und Körperhaltung von Psychotherapeuten und entwickelten daraus ein System von lehr- und lernbaren Techniken der Kommunikation. Der Ansatzpunkt besteht darin, dass jeder Mensch über die notwendigen Erfahrungen und inneren Kräfte verfügt, um kritische Situationen zu bewältigen. Unter bestimmten Umständen ist der Zugang zu diesen Ressourcen jedoch blockiert. Das Ziel von NLP ist die Aufhebung dieser Blockaden. Da die Seelenzustände auf Nervenreizen und -reaktionen beruhen, sollen diese durch die Sprache beeinflusst werden. Dabei werden festgefahrene Haltungen durch positive Einstellungen ersetzt (Umprogrammierung). Anwendet wird es als Krisenintervention und Kurzzeittherapie, aber auch bei konkreten Problemen oder in Verkaufsleiter- und Managerseminaren.

e) Verfahren der Gruppenentwicklung und Erlebnispädagogik

Gruppendynamik

Gruppendynamik ist die Lehre von den Strukturen und Prozessen, die in Gruppen wirken können. Sie ist aber auch eine Interventionsmethode, die Fähigkeiten vermittelt, mit denen zwischenmenschliche Beziehungen positiv verändert werden können. Wesentliche Impulse zur Gruppendynamik kamen von Jacob Levy Moreno (1889–1974) und Kurt Lewin (1890–1947). Beobachtet wird eine

Gruppe: Die Trainer bleiben im Hintergrund, um Gruppenprozesse in Gang zu bringen. Im Verlauf dieser Prozesse bilden sich Normen, Rollen und Funktionen sowie Untergruppen heraus. Die Trainer machen auf Ereignisse aufmerksam, äußern Vermutungen, stellen Fragen zur Situation und planen Spiele, um Konflikte zu provozieren oder aufzulösen. Es geht dabei nicht um persönliche Dinge, sondern die Ereignisse werden immer nur in Bezug auf den Gruppenprozess betrachtet. Anwendungsbereiche für gruppendynamische Beobachtungen sind die Aus- und Weiterbildung, Organisationsentwicklung und Organisationsberatung.

Outdoortraining

Wie der Name vermuten lässt, findet das Outdoortraining hauptsächlich in der Natur statt, fernab des vertrauten Umfelds. Hauptziel dieses Trainings ist das hautnahe Erleben von Teamarbeit. Es geht darum, eigenes Teamverhalten sowie Stärken und Schwächen des Arbeitsteams zu erkennen, Gruppenprozesse zu erfahren und Regeln effizienter Teamarbeit zu erwerben. Die Teilnehmer können Personen sein, die auch sonst gemeinsam in einer Gruppe arbeiten, aber auch Personen, die sich überhaupt nicht kennen. Bei realen Teams geht es oft um das Aufdecken und Lösen unterschwellig vorhandener Konflikte, welche die Leistung der Gruppe im Arbeitsleben beeinträchtigen. Typischerweise werden folgende Aufgabentypen eingesetzt: Gruppenübungen, die nur mittels kooperativer Teamarbeit lösbar sind; Einzelübungen, die auf der Unterstützung des Teams aufbauen, und Stressübungen, bei denen die Teilnehmer mit nicht alltäglichen, emotional belastenden Situationen konfrontiert werden. Insgesamt sollen Outdoortrainings zur Entwicklung eines starken Wir-Gefühls und zum besseren Zusammenhalt der Gruppe beitragen.

Persönlichkeitsdiagnostik

Wissenschaftlich geprüfte Persönlichkeitstests, die Anwendung finden können, sind zum Beispiel das Trierer Persönlichkeits-Inventar, das Freiburger Persönlichkeits-Inventar oder der Gießen-Test. Wissenschaftlich ungeprüfte Verfahren, die in der Praxis verwendet werden, sind zum Beispiel die Biostrukturanalyse oder das Enneagramm. Verfahren der Persönlichkeitsdiagnostik werden vor allem in den Bereichen der Mitarbeiterauswahl sowie der Selbsterfahrung genutzt. Besonders beliebt in Führungskräfte- und Mitarbeitertrainings sind der Persönlichkeitstest nach Myers & Briggs auf Grund seiner anschaulichen Typologie und das DISG-Persönlichkeitsprofil.

f) Der Bereich der Körper- und Bewegungsverfahren

Atemarbeit

Das Atmen ist ein überwiegend unbewusster Vorgang. Einengende Kleidung, Bewegungsmangel, verkrampfte Haltung sowie Spannungen und ungelöste Konflikte können den Atem abschneiden. Bei der Einschränkung des Atems ist der Mensch auch vom Körper und seinen Gefühlen abgeschnitten, da der Atem an allen Emotionen beteiligt ist. Wenn der Atem jedoch angeregt wird, kommen vergessene Erinnerungen und Gefühle hoch. Zu Beginn der Atemarbeit werden Lockerungsübungen durchgeführt. Mithilfe von Massagen und Körperübungen wird dann der unbewusste Atem erlebbar. Beim Ausatmen wird der Atem in bestimmte Körperzonen gelenkt, und man kann dabei körperliche Veränderungen spüren. Anwendungsbereiche der Atemarbeit sind muskuläre Verspannungen, Schlafstörungen, Erschöpfung, Kopfschmerzen und Stressbewältigung. Einige Atemtechniken sollen bewusst Hyperventilation hervorrufen. Die Gefahr der Hyperventilation besteht aber auch bei bewusstem, langsamen Atmen. Als Symptome gelten das Auftauchen von Fantasien oder Wahnbildern, sowie Schwindelgefühle und Ohrensausen.

Bioenergetik

Das Verfahren der Bioenergetik wurde von Alexander Lowen (*1910) begründet. Der Grundgedanke ist, dass aus dem Körperbild spezifische Störungen ablesbar und mit therapeutischen Körperübungen behandelbar sind. Der Organismus wird dabei als körperlich-seelische Einheit, erfüllt von pulsierender Bioenergie, verstanden. Diese Energie lädt die Atmung auf und kann sich, je nach Seelenzustand, in einzelnen Körperbereichen konzentrieren. Eine angespannte Muskulatur hemmt jedoch diesen Energiefluss und somit auch das Erleben und Ausdrücken von Gefühlen.

Um diese Blockade zu überwinden, wird Körperarbeit eingesetzt. Sie besteht aus Berührungen, Massagen, Anregungen zum Atmen und zum Benutzen der Stimme sowie dem Einnehmen von bestimmten Körperhaltungen. Diese Übungen sollen das Körpergedächtnis aktivieren und Gefühle freisetzen. Die Gefühlsentladungen befreien dann den Körper und die Seele von den Verspannungen. Im anschließenden Gespräch mit dem Therapeuten werden sie verarbeitet. Das Ziel ist eine grundlegende Persönlichkeitsänderung. Zur Anwendung kommt die

Bioenergetik bei der Stressbewältigung, Beziehungsstörungen und psychosomatischen Krankheiten.

Holotropes Atmen

Die Idee des Holotropen Atmens wurde von Stanislav Grof (*1931) entwickelt. Das Ziel ist die Herbeiführung veränderter Bewusstseinszustände, wobei das gesamte (holos) Wesen (tropos) des Menschen erfasst werden soll. Während dieses veränderten Bewusstseinszustands soll der Geburtsprozess wiedererlebt und vergegenwärtigt werden, um die Selbstheilungskräfte des Organismus zu befreien. Dieser Prozess wird durch Hyperventilation in Kombination mit bestimmten Körperhaltungen herbeigeführt, die den Körper schon nach kurzer Zeit in Stress versetzen. Angewendet wird es allgemein bei seelischen Störungen, aber auch bei der Suche nach transpersonalen oder religiösen Erfahrungen.

Qi Gong

Der Grundgedanke des Qi gong ist die Kunst der Lenkung der kosmischen Lebenskraft Qi durch Atmung, Konzentration und Bewegung. Es ist eine der älteren chinesischen Meditationsmethoden, aus der sich verschiedene Formen entwickelt haben. Die Bewegungen werden im Stand ausgeübt. Der Atem fließt dabei auf eine bestimmte Weise, die auf den Körper wirkt. Im Zeitlupentempo werden die Bewegungen immer tänzerischer, gehen ineinander über. Die Bewegungsabfolge wirkt beruhigend. Daher wird es auch zum Stressabbau und zur Atemregulation angewendet.

Tai Chi

Tai Chi ist das so genannte Schattenboxen. Es gibt unzählige Stilrichtungen von verschiedenen chinesischen Schulen. Tai Chi wird als Bewegungskunst verstanden. Es soll den Fluss der Chi-Energie anregen, indem die gegensätzlichen Pole Yin und Yang harmonisiert werden. In stilisierter Form wird dazu der Kampf mit einem imaginären Gegner dargestellt. In einem Tai Chi-Kurs üben die Teilnehmer die von den Trainern vorgeführten Bewegungen ineinander fliessen zu lassen. Dabei folgen sie ihrem Atemrhythmus, die Bewegungen werden im Zeitlupentempo ausgeführt. Angewendet wird es zur Entspannung, zur Entwicklung von Körperbewusstsein und zur Vorbeugung von psychosomatischen Erkrankungen.

Joga

Joga versteht sich als ein umfassendes Gesundheitsprogramm, das vorbeugend durchgeführt werden sollte. Es trägt bei regelmäßiger Ausübung zur Verbesserung der körperlichen und seelischen Gesundheit. Eine Jogastunde besteht aus einer festgelegten Reihe von Körperübungen. Dabei konzentriert man sich auf das körperliche Empfinden. Zusätzlich werden Atemübungen, eine Reinigung sowie meditatives Versenken durch Singen von Lauten oder Konzentration auf Bilder oder Sinnesempfindungen durchgeführt. Da Joga auf das vegetative Nervensystem wirkt, kann man damit Krankheiten und psychosomatischen Störungen vorbeugen und das Körperbewusstsein schulen.

g) Der Bereich der kreativen Therapien

Kunst und künstlerisches Tun können dem inneren Geschehen eine gewisse Struktur geben, klärend und ordnend wirken. Bei künstlerischer Arbeit kann zum Beispiel die Symbolik des Geschaffenen gedeutet werden. Es können Anregungen zu Assoziationen und zum Nachdenken erfolgen. Gestaltet werden kann mit allen möglichen Materialien. Dabei kann ein Thema vorgegeben sein. Man kann in der Gruppe arbeiten oder auch völlig frei nach eigenen Ideen. Ein Anwendungsbereich ist die Selbsterfahrung. Musik wirkt auf den Körper und die Seele über das vegetative Nervensystem und das Limbische System (Gefühlszentrum). Melodien können tiefe Wesensschichten erreichen und Assoziationen, Ängste und Wünsche wecken. Die Musik kann symbolhaft ausdrücken, was Worte nicht sagen können.

Die Arbeit mit Musik kann bei vegetativen und psychosomatischen Störungen, aber auch zur Beruhigung angewendet werden. Im Tanz spricht der Körper, er drückt Freuden und Sorgen aus. Die Menschen zeigen dabei ihr Körperselbstbild als Grundlage für Selbstverständnis und Selbstbewusstsein. Erfahrungen und Gefühle im Wandel des Selbstbildes werden im Körpergedächtnis gespeichert. Anwendungsbereiche für die tänzerischer Arbeit sind psychosomatische und neurotische Störungen.

h) Der Bereich der transpersonal-psychologischen Verfahren

Das Ideal einer ganzheitlichen Persönlichkeit muss auch Erfahrungsbereiche mit einbeziehen, die jenseits der eigenen Person (transpersonal) liegen. Die transpersonale Psychologie beinhaltet verschiedene Vorstellungen über die Bestimmung des Menschen, dessen Dasein im übertragenen Sinne als Reise verstanden wird. Während dieser Reise, auf der sich das persönliche Ich der Selbsterfüllung oder der Erleuchtung nähern soll, erwarten den Menschen immer umfassendere Erkenntnissen und Bewusstseinsdimensionen. Die einzelnen Verfahren werden als unterstützende Begleitung auf dem spirituellen Entwicklungsweg gesehen.

Meditation

Meditative Übungen haben das Ziel, den ständigen Fluss von Gedanken, Vorstellungen und Assoziationen zu unterbrechen und einen Zustand vollkommener innerer Ruhe herbeizuführen. Zu den bekanntesten Meditationsformen zählen Joga, Zen und die Transzendentale Meditation. Das Meditieren dient als Vorbereitung und Begleitung der auf überpersönliche Ziele ausgerichteten Arbeit. Es wird heute aber unterschiedlich angewendet: als Trainingstechnik oder als Teil esoterisch-spiritueller Philosophien. Meditative Elemente dienen allgemein der Entspannung und Selbstversenkung. Ein gemeinsames Merkmal aller Meditationsformen ist der Rückzug von äußeren Sinneseindrücken. Im Verlauf wird die Atmung tiefer und ruhiger. Der Geist entspannt sich und es kommt zu einer Art überwachen Zustands mit einer gewissen Distanz zu den Dingen.

i) Der Bereich der esoterisch-spirituellen Verfahren

Hier liegt generell eine Ideologie zu Grunde, die den Beginn einer neuen Ära verheißt – Newage. Man wendet sich einem holistischem, einem ganzheitlichen Weltverständnis zu. Die Heilslehren des Newage sind vielfältig, basierend auf religiös und esoterisch begründeten Vorstellungen und Erklärungsmodellen. Dabei werden häufig spirituelle Selbst- und Seinserfahrungen vermittelt.

Aromatherapie

Ätherische Pflanzenöle werden inhaliert, eingenommen oder in Massageölen verwendet. Die ätherischen Öle wirken dabei über das vegetative Nervensystem auf Blutdruck, Kreislauf, Atmung und Hormonsystem und können Stimmungen beeinflussen. Es gibt jedoch keine einheitliche Zuordnung von Aromen zu bestimmten Beschwerden.

Astrologische Psychologie

Anfänge der Astrologie finden sich schon zurzeit des babylonischen Königs Hamurabi (1728–1686 v. Chr.). Anhand von Sternen- und Planetenkonstellation wird die Zukunft gedeutet. Es gibt die unterschiedlichsten Formen von Horoskopen, welche die verschiedensten Aussagen zu den unterschiedlichen Lebensbereichen der Menschen machen. Angewendet werden sie meist zur Lebenshilfe und Orientierung.

Bachblütentherapie

Nach Edward Bach (1886–1936) gibt es ein System von 38 Persönlichkeitstypen mit spezifischen negativen Seelenzuständen (zum Beispiel Stolz, Unsicherheit, Habgier), die zu bestimmten Krankheiten und Beschwerden führen. Zur Heilung bietet er ein Sortiment an Essenzen aus verschiedenen Blumen und Ästen von Sträuchern und Bäumen an, welche die nötige Harmonie spenden sollen. Die pflanzlichen Energiemuster werden auf das Trägermedium Wasser übertragen und in verdünnter Form in so genannten Stockbottles aufbewahrt. Die Blütenmittel können dann tropfenweise eingenommen werden, man kann sie bei sich tragen oder neben das Bett stellen.

Biorhythmik

Dieses Verfahren wurde von Wilhelm Fließ (1885-1928) entwickelt. Der Biorhythmus besteht aus einer 23-tägigen Körperperiode, einer 28-tägigen Seelenperiode und einer 35-tägigen Geistesperiode. In diesen Perioden gibt es immer wieder kritische Stellen, an denen der Mensch anfällig für Störungen, Krankheiten und andere Bedrohungen ist. Es gibt aber auch Tage, die einen besonders positiven Rhythmus haben. Mithilfe des Biorhythmus kann man seine Tage so planen, dass man die kritischen und positiven Phasen beachten kann.

Farbtherapie

Farben wird häufig ein erregender oder beruhigender Einfluss zugeschrieben. Auch bei der Farbtherapie gibt es eine Zuordnung von einzelnen Farben und den entsprechenden Lichtwellen zu bestimmten Krankheiten. Mögliche Anwendungsformen sind die Imagination von Farben, die Benutzung einer Farbdusche mit Farblichtlampen oder die Farbakupunktur mit Farblichtstablampen.

Feuerlauf

Den Feuerlauf findet man in verschiedenen Riten bei Naturvölkern. Es wird ein Feuer entfacht, um das zuerst meditiert wird. Wenn es niedergebrannt ist, werden die nachglühenden Kohlen zu einem Teppich ausgebreitet und die Menschen laufen über die Glut. Man soll dabei die Erfahrung machen, etwas Unmögliches schaffen zu können.

Grafologie

Der Franzose Jean Hippolyte Michon (1806-1881) ist der Begründer der Grafologie. Er ging von der Einzigartigkeit jeder Handschrift aus und entwickelte ein System zum Vergleich von Schrift- und Charaktermerkmalen. So soll auf die dahinter stehende Persönlichkeit geschlossen werden. Verschiedenste Merkmale der Schrift, angefangen von der Lage der Buchstaben, der Schriftgröße, über die Buchstabenform bis zur Verbindung der Buchstaben, werden dazu betrachtet und interpretiert.

Kinesiologie (auch Touch for Health oder Edu-Kinesthetik)

Begründet wurde die Kinesiologie in den Sechzigerjahren durch den Chiropraktiker George Goodheart. Das Ziel des Verfahrens ist die Heilung durch Berührung. Weiterhin sollen die Wahrnehmung und die Bewegung geschult werden. Zuerst wird der so genannte Muskeltest durchgeführt, um herauszufinden, in welchem Bereich schädigende Einflüsse auf den Organismus gewirkt haben. Der Patient muss dazu einen Arm ausgestreckt halten. Der Therapeut versucht nun, den Arm des Patienten nach unten zu drücken. Nebenbei stellt er Fragen zu spezifischen Lebensbereichen. Wenn der Patient den Widerstand aufgibt, ist ein Problem in dem jeweils gerade besprochenen Bereich vorhanden. Angewendet wird die Kinesiologie unter anderem bei Störungen des Wohlbefindens, bei Depressionen, Schmerzen, aber auch bei Lernstörungen und Konzentrationsmangel.

Positives Denken

Dieses Verfahren wurde von Joseph Murphy (gest. 1981), Norman Vincent Peale (1898-1993) und Dale Carnegie (Lebensdaten geheim) entwickelt. Ihr Slogan lautet "Sorge dich nicht, lebe!" und sie empfehlen dieses Motto zur Selbsthilfe. Positives Denken wird in verschiedenen Heilpraxen durchgeführt und beruht auf Autosuggestionen. Entspannt ruhend hören die Klienten positive Suggestionen vom Band, die immer wiederholt werden. Später werden auch persönliche Suggestionsformeln erarbeitet, die dann möglichst oft am Tag aufgesagt werden sollen. Folgende Unterformen sind anzutreffen: a) Subliminal tapes (Suggestionen sind in Musik oder Naturgeräusche eingebunden und nicht bewusst wahrnehmbar, Botschaften sollen sich über das Unterbewusstsein einprägen). b) Mentales Training (in konzentriertem Zustand stellt man sich einen körperlichen Bewegungsablauf vor). c) Silva-Mind-Control (Autosuggestionstechnik zur Steuerung der Kreativität und Leistungsfähigkeit des menschlichen Gehirns).

Rebirthing

Das Rebirthing ist ein Verfahren nach Leonard Orr (*1938). Dabei wird eine bestimmte Atemtechnik angewendet, bei der zwischen den Atemzügen möglichst keine Pausen gemacht werden dürfen. Dadurch soll es zu Erinnerungen an die vorgeburtliche Zeit oder an frühere Leben kommen. Das Geburtstrauma ist nach Orr die Ursache für alle psychischen und physischen Störungen. Daher soll das erneute Erleben der eigenen Geburt die negative Lebensprogrammierung aufheben. Man fühle sich dann glücklich und wie neugeboren. Das Aufarbeiten der Erlebnisse ist jedoch nicht vorgesehen. Empfohlen wird Rebirthing bei allen neurotischen und psychosomatischen Erkrankungen.

Reinkarnationstherapie

Der Reinkarnation – Wiedergeburt – liegt der Gedanke zu Grunde, dass beim Tod die Seele aus dem Körper entweicht und später in einem anderen Körper wiederkehrt. Man findet diese Vorstellung in buddhistischen und hinduistischen Überlieferungen. Sie trat aber auch in anderen Kulturkreisen auf. Zur Durchführung wird man mittels Hypnose in Trance versetzt, in der diese Wiedergeburt erlebt werden soll. Das Verfahren wird zur Selbsterkenntnis und Bewusstseinserweiterung angewendet.

Reiki

Reiki bedeutet so viel wie göttliche Energie und ist ein Verfahren nach Mikao Usui. Der Grundgedanke ist, dass durch Handauflegen die das Universum durchströmende Energie übertragen werden kann. In der japanischen und chinesischen Religion wird diese Energie als Ki oder Qui bezeichnet. Dabei gibt es auch die Möglichkeit der Fernheilung. Angewendet wird es unter anderem zur Beseitigung emotionaler und mentaler Probleme.

Tantra

Tantra ist eine ca. 2 000 Jahre alte Meditationsschule, deren Wurzeln im Buddhismus liegen. Sex wird hier als Weg zur Erleuchtung betrachtet. Allerdings gilt dieser Kerngedanke eher heute. In der Tradition ist Sex eigentlich nicht Bestandteil des Tantra. Während einer Tantra-Sitzung wird unbekleidet meditiert und es werden ekstatische Tänze vollführt. Verschiedene Körperübungen sollen das Erleben vertiefen. Insgesamt dient es der Befreiung der Sexualität.

2 Coaching

Eine Definition ist nicht einfach, weil man Verschiedenes mit Coaching verbinden kann. Vom ursprünglichen nur "beratend zur Seite stehen" im psychologischen Sinne bis hin zu speziellen Beratungen, wie beispielsweise EDV-Coaching oder Fitness-Coaching. Der Begriff Coaching wird in vielen unterschiedlichen Zusammenhängen verwendet (vgl. Hofmann & Regnet 1996).

Zur Entwicklung von Coaching

Der Begriff entwickelte sich schon vor dem 20. Jahrhundert in Anlehnung an ein wahrscheinlich ungarisches Dorf, in dem Kutschen hergestellt wurden. Im Rahmen von Emigrationsbewegungen in die USA wurde der Begriff dorthin gebracht. Der amerikanische Ausdruck für Kutsche ist coach, er wird noch heute im Sinne eines Fortbewegungsmittels verwendet. Der Weg von der Kutsche über den Kutscher bis hin zum Einpauker (einschließlich Trainer im Sport) war dann nicht mehr weit.

Coaching im traditionellen Sinn wurde in den siebziger bis in die Mitte der Achtzigerjahre in den USA praktiziert und zwar als das entwicklungsorientierte Führen von Mitarbeitern durch den direkten Vorgesetzten. Mitte der Achtzigerjahre kam das Mentoring hinzu. Hierbei handelt es sich um eine interne Personalentwicklung von Nachwuchsführungskräften durch etablierte hochrangige Führungskräfte.

In der BRD wurde in der Mitte der Achtzigerjahre das Coaching als Einzelberatung durch externe Berater eingeführt, um auch Topmanager und hochrangige Führungskräfte zu erreichen. Ein Grund für die Einführung war, dass man mit internen Seminaren nur mittlere und untere Führungsebenen erreicht, vor allem dann, wenn es um personen- und verhaltensnahe Themen geht. Außerdem bevorzugen Top-Manager traditionsgemäß externe Seminare. Weiterhin gewannen neue Aspekte für erfolgreiches Führen an Bedeutung: beispielsweise Vertrauen, Persönlichkeit, Vorbild, Transparenz, Glaubwürdigkeit. Überdies sollte die menschliche Seite angesprochen werden. Intention war die Steigerung der Leistungsanforderungen und Professionalisierung im Managementbereich. Folgende Maßnahmen wurden und werden hierfür verwendet:

- Karriereunterstützung (Vorbereitung auf neue Aufgaben),
- Performance-Unterstützung (alltagsbezogene Beratung, um die Führungstätigkeit effektiver und zufriedener ausführen zu können),
- Konfliktunterstützung (Beratung in Konfliktsituationen) und
- Persönlichkeitsentwicklung (Klärung persönlichkeitsbezogener Fragen der Führungskraft, private Probleme, die belasten, werden bearbeitet).

Ende der Achtzigerjahre, als das Coaching schon erfolgreich war, wurden interne Personalentwickler eingestellt, die mittlere und untere Führungskräfte beraten sollten. Später avancierte Coaching zu einem Modebegriff, der für verschiedene Beratungsformen verwendet wird.

Heutige Formen des Coachings

Vorgesetzten-Coaching

Hierunter versteht man das entwicklungsorientierte Führen von Mitarbeitern durch den jeweiligen Vorgesetzten. Es geht um den langfristigen Aufbau der Fachkompetenz und der Motivation sowie die Erhöhung der Selbstständigkeit. Dazu gibt es entsprechende Seminare, welche die Führungskraft auf diese Tätigkeit vorbereiten.

Vorteil: unternehmensweit einsetzbar
Ziele: Klärung von fachlichen Führungsfragen, motivationale und kommunikative Fragen

Mentoring

Mentoring ist ein karriere- und persönlichkeitsfördernder Begleitprozess von Nachwuchsführungskräften durch etablierte hochrangige Führungskräfte.

Vorteil: unternehmensweit einsetzbar
Ziele: primär langfristige Persönlichkeits- und Karriereentwicklung von Führungsnachwuchs, weniger aktuelle Fragen.

Externes Einzelcoaching

Diese Form kann erstens einen Feedbackprozess darstellen, bei dem ein externer Berater der Führungskraft Verhaltensweisen, Einstellungen, Gefühle und Gedanken widerspiegelt. Zweitens versteht man darunter einen langfristigen Beratungsprozess, bei der führungs- und unternehmensbezogene Alltagsfragen selbstkritisch reflektiert werden. Und drittens kann es auch das Besprechen von privaten Problemen, die den Arbeitsprozess behindern, bedeuten.

Externes Einzelcoaching wird im Arbeitsbereich der Führungskraft eingesetzt, zur Durchführung gibt es eine Vielzahl an Möglichkeiten.

Ziel: nicht primär die Persönlichkeitsgesundheit, sondern leistungs- und persönlichkeitsbezogene Beratung der Führungskraft im Arbeitsalltag

Internes Einzeltraining

Internes Einzeltraining ist ähnlich dem externen Einzeltraining. Hierbei sollen die mittleren und unteren Führungsetagen abgedeckt werden. Ein wichtiger Unterschied ist, dass es von internen Personalentwicklern angeboten wird. Auch sind die Inhalte nicht von großer Tiefe, da es sonst zu Problemen bezüglich Vertraulichkeit und Abhängigkeit zwischen Personalentwickler und Klient kommen kann. Meist ist das alltägliche Führungshandeln der Themenschwerpunkt.

Ziel: positive Beeinflussung des alltäglichen Führungshandelns

Gruppen-Coaching

In solch einem Führungskräfte-Seminar berät eine Teilgruppe ein einzelnes Mitglied dieses Seminars nach einem Stufenplan zu seinem Problem.

Das folgende Vorgehen wird dabei angewandt:

- individuelle Situationsanalyse des Arbeitsverhaltens mit anschließender Zielformulierung durch die entsprechende Führungskraft
- Vorstellung dieser Analyse vor der Gruppe mit anschließendem Gruppenfeedback
- Zieldiskussion in der Gruppe mit entsprechender Zielspezifizierung
- Entwicklung entsprechender Handlungen und deren Prüfung auf Umsetzbarkeit

- Aufstellung eines persönlichen Aktionsplanes im Seminar durch die Führungskraft
- Diskussion und Prüfung des Aktionsplanes durch die anderen Teilnehmer
- Bericht über die Umsetzung durch die Führungskraft im nächsten Seminar sowie Kontrolle durch die Seminargruppe

Diese Form kann in jedes verhaltensbezogene Führungs- und Persönlichkeitstraining integriert werden.

Führungskräftetraining mit Transferunterstützung im Alltag

Die erste Komponente eines solchen Trainings ist eine Weiterbildung einer Gruppe von Führungskräften zu einem bestimmten Themenfeld (beispielsweise Führung, Umgang mit Konflikten). Die zweite Komponente ist die anschließende Umsetzung in der realen Arbeitssituation, die von einem Trainer mit Feedback und Anweisungen zum konkreten Verhalten begleitet wird. Somit ist dieses Training eine Kombination von Seminar und Einzelcoaching.

Hinweise: Diese Trainings on the job sind sehr aufwändig und teuer, aber auch sehr transferfördernd und die Palette der Personalentwicklungsmaßnahmen wird durch sie positiv erweitert. Wichtig ist auch, dass das Training zeitlich stark begrenzt ist, auf nur wenige Stunden oder Tage.

Projektcoaching

Es gehört schon zu den weitläufigeren Varianten des Coaching-Begriffes. Unter Projektcoaching versteht man die Beratung einer Organisationseinheit durch ex- oder interne Berater oder Beratergruppen, wenn es um schwierige fachliche Probleme einschließlich zwischenmenschlicher Probleme geht.

System-Coaching

Hier handelt sich es um die Betreuung einer kompletten hochrangigen Führungsmannschaft eines Unternehmens durch ein externes Beraterteam. Dabei ist es wichtig, dass dem Kunden-System ein Berater-System gegenüber steht. In der Beratung werden hier das System Unternehmen und das System Familie beachtet. Es handelt sich um eine Schnittstelle zwischen Personal- und Organisationsentwicklung.

Anlässe:

- Verbesserung des Führungs- und Leistungsverhalten der Geschäftsleitung oder einer Spezialistengruppe
- Konflikte im Vorstand
- Umorganisationen und Fusionen
- Zusammenführung einer neu zusammengesetzten Führungscrew

Maßnahmen:

- Einzelberatung
- Teamentwicklung
- Unternehmenskulturentwicklung

Ziel: Funktionsfähigkeit des Unternehmens

3 Seminarauswahl

Checkliste zu Zielen, Motivation, Erwartungen

Der Erfolg eines Seminars beginnt mit einer gelungenen Auswahl. Welche Überlegungen sind dabei aber wichtig?

Wenn Sie zum Beispiel ein Auto kaufen wollen, wissen Sie meist genau, was Sie suchen: Sie überlegen sich, welchen Anforderungen der Wagen genügen soll, welche Ausstattung die richtige wäre, wie viel Leistung, welcher Preis und vieles mehr. Meist haben Sie sogar genaue Farbvorstellungen. Aber für Seminare? Die Vorstellungen sind oft vage, "wie soll man das auch vorneweg wissen?". Schließlich kann man nicht wie beim Auto einfach mal Probe fahren.

Die folgenden Punkte sollen Ihnen eine Hilfe bieten, um auch für Seminare zunächst Ziele, Erwartungen und Motivation genau abklären zu können. Damit wird nicht nur die Auswahl erleichtert, sondern es werden erste Grundsteine für ein gelungenes Ergebnis gelegt.

Nutzen Sie folgende Fragen als kleine Checkliste. Verwenden Sie diese Ergebnisse bei der Prospektschau und bei ersten Informationsgesprächen beim Anbieter!

1. Meine Erwartungen an das Training?

Aus welchen Gründen möchte ich überwiegend teilnehmen?
- Neugierde
- Schließen neuer Bekanntschaften
- Lösung konkreter Probleme
- Selbsterfahrung
- Austesten eigener Grenzen
- Standortbestimmung (An welchem Punkt im Leben stehe ich gerade?)

2. *Will ich etwas für mich (privater Bereich) tun, oder für meine berufliche Fortbildung oder für mein Team, meine Abteilung...?*

3. *In welcher körperlichen und psychischen Verfassung befinde ich mich?*
   - zurzeit bin ich eher labil, schwach, unausgeglichen
   - zurzeit bin ich eher stabil, stark, ausgeglichen

4. *Wie will ich mich an dem Seminar beteiligen / mich einbringen?*
   - emotional und körperlich aktiv und engagiert
   - eher passiv und aufnehmend

5. *In welchem Rahmen würde ich mitmachen?*
   - in Einzelbetreuung oder in der Gruppe (mit unbekannten Teilnehmern, mit bekannten Teilnehmern) oder im Team
   - ich bin bereit, mich auf strenge Regeln einzulassen
   - weg vom persönlichen Umfeld
   - Forderung von gewissen Standards hinsichtlich Unterkunft, Verpflegung....

6. *Nach welchen Konzepten bin ich bereit zu arbeiten?*
   - klassische kognitive Wissensvermittlung
   - psychotherapeutische Ansätze
   - alternative Ansätze

7. *Welche Ziele sollen erreicht werden?*
   - Lösung beziehungsweise Bewältigung von Problemen auf privater oder beruflicher Ebene oder im Team
   - sensationelle Erfahrungen und Aha-Effekte
   - persönliche Weiterentwicklung
   - Erfahrungsaustausch mit Kollegen bzw. im Team

8. *Wie viel Zeit bin ich bereit zu investieren?*

9. *Wie viel bin ich bereit zu zahlen?*

4 Konkrete Hinweise für die Auswahl des Anbieters

Wenn Ihre Erwartungen klarer sind und Sie entsprechende Anbieter gefunden haben, nutzen Sie die Chance, einige wesentliche Dinge vor Vetragsabschluss zu klären.

Nutzen Sie folgende Fragen wiederum als kleine Checkliste. Erkundigen Sie sich vor Ihrer Unterschrift unter einen Vertrag zunächst über einige Fakten zum Anbieter!

1. *Mit welchen Methoden und welchen Praktiken wird gearbeitet?*
   - ausführliche Beschreibung von Zielen und Methoden
   - Angabe der theoretischen Grundlagen

2. *In welchem Setting wird das Training / Seminar stattfinden?*
   - Rahmenbedingungen
   - Bedingungen des Veranstaltungsorts (Lage, Unterbringung, Verpflegung, gegebenenfalls Freizeit- und Sportmöglichkeiten)
   - Gruppengröße, Gruppenzusammensetzung
   - Seminarräume (Größe, Lage, Ausstattung)
   - Dauer

3. *Wer leitet das Training / Seminar?*
   - Nennung der Trainer
   - Informationen über deren Ausbildung, Werdegang und derzeitige Beschäftigung
   - Titel
   - Zugehörigkeit zu Standesorganisationen und Fachgesellschaften
   - Achtung bei wohlklingenden Fantasietiteln

4. Welche Kosten entstehen?
 - Gesamt- und Einzelpreis pro Veranstaltung
 - Preisvergleiche
 - Zahlung per Rechnung mit Quittung
 - zusätzliche Kosten für Verpflegung, Unterkunft, Anreise

5. Wie sehen die Rücktritts-, Ausstiegs-, Abbruchmöglichkeiten aus?

6. Was sollte für Sie noch von Interesse sein?
 - ausführliche Vorinformationen für die Teilnehmer
 - individuelle Beratung des Interessenten (unter Abklärung seiner Voraussetzungen)
 - Angaben über den genauen Ablauf des Trainings
 - Anzahl der bisher durchgeführten Trainings /Seminare
 - Angabe von Kontaktadressen und -stellen für weitere Informationen

Entscheiden Sie in Ruhe, worauf Sie sich einlassen wollen oder nicht.

Hinweise auf unseriöse Angebote können sein:

- Der Anbieter entbindet sich von allen rechtlichen Forderungen seitens des Kundens.
- Die psychische Belastbarkeit der Teilnehmer soll im Voraus durch eine Selbsteinschätzung oder einen Arzt bestätigt werden.
- Es werden nur unvollständige Informationen über den Ablauf, die Rahmenbedingungen und die Methoden des Trainings/Seminars gegeben.
- Die psychologischen und pädagogischen Qualifikationen der Trainer/-Seminarleiter werden nicht genannt oder entsprechen nicht den fachlichen Standards.
- Die früheren Teilnehmer sind einer Schweigepflicht unterworfen oder die Berichte früherer Teilnehmer sind extrem euphorisch und nicht konkret.
- Die Teilnehmer werden im Voraus zu vollem persönlichen Einsatz verpflichtet.

Vorsicht ist auch bei bestimmten Methoden geboten:

- Nutzung hypnotischer Übungen, Trance- und Meditationsübungen ohne ausreichende Absicherungen
- Durchführung von Angstübungen (zum Beispiel die Vorstellung der eigenen Beerdigung oder Ähnliches)
- Aufarbeitung intimer Dinge, Kindheitserlebnissen, in unbekannten Gruppen (was in kurzer Zeit kaum möglich ist und zum anderen nicht der Gegenstand von Gruppendiskussionen sein sollte)
- unkontrollierter Einsatz von Atemübungen (Hyperventilation)
- systematische Nutzung kathartischer Methoden (zum Beispiel provozierte, heftige Gefühlsausbrüche, Schreien bis zur Erschöpfung)

Außergewöhnliche Situationen, die schon von Teilnehmern berichtet worden sind und auch vor Ort noch auftreten können:

- Abgabe der persönlichen Dinge wie Ausweis, Medikamente, Uhr...
- lange Arbeitsphasen, körperlich ermüdende Übungen, wenig Schlaf und Ruhe
- karge oder reglementierte Mahlzeiten
- Verlangen einer rigiden Pünktlichkeit
- Verbot, den Raum zu verlassen
- öffentliche Bestrafung von Versäumnissen
- Einschränkung von Toilettengängen
- Kommunikationsverbot nach außen (kein Telefon, keine Post)
- Ermunterung zur Denunziation anderer Teilnehmer bei Regelverstößen
- Erzwingen der Art und des Umfangs der Mitarbeit
- Immunisierung der Trainer gegen Kritik seitens der Teilnehmer
- Darstellung von Einwänden und Kritiken als Problem des jeweiligen Teilnehmers
- öffentliches Schlechtmachen von unbeliebten oder kritischen Teilnehmern durch den Trainer
- Verbot von Notizen und Erfahrungsaustausch mit anderen Teilnehmern
- zu großen Gruppen (mehr als 12 pro Trainer).

> *Die Höhe der Kosten ist kein Indikator für die Güte.*
>
> *Je extremer die Werbung für ein Seminar/ Training/ Kurs, desto vorsichtiger sollten Sie sein.*
>
> *Je ausführlicher die Vorinformation, desto besser.*
>
> *Je größer die Teilnehmerzahl der Gruppe, desto vorsichtiger sollten Sie sein.*
>
> *Vorsicht, wenn viele frühere gläubige Teilnehmer wieder in der Gruppe sind.*
>
> *Die Anwendung vieler verschiedener Methoden durch einen Trainer muss nicht bedeuten, dass er auch viel davon versteht.*

5 Ergebnisbetrachtung – Welche Voraussetzungen erfüllen gute Seminare?

Geht man bei der Ergebnisbetrachtung über die größere oder kleinere Euphorie nach Seminarabschluss hinaus, ist es manchmal gar nicht einfach, konkrete Aussagen darüber zu treffen. Wo sollen Bewertungsmaßstäbe angesetzt werden? Welche Punkte können zur Orientierung dienen, um Seminare im Bereich Persönlichkeitsentwicklung einzustufen?

> ✍
> Im Folgenden soll auf gewisse Grundvoraussetzungen für ein erfolgreiches Seminar eingegangen werden.

Bei Persönlichkeitstrainings sollte problemorientiertes Lernen im Vordergrund stehen. Themen und Inhalte sollten an konkreten Sachverhalten bearbeitet werden. Zur Gestaltung *problemorientierter Lernumgebungen* gibt es einige Leitlinien:

Da Lernen ein aktiver Prozess ist, muss der Lernende mit seinen Bedürfnissen, Erfahrungen und seinem Vorwissen im Vordergrund stehen. Im Verlaufe des Seminars sollte die Eigenaktivität der Teilnehmer zunehmen und die Anleitung, Kontrolle und Hilfestellung durch den Trainer abnehmen. Weiterhin ist es wichtig, dass das Gelernte umgesetzt wird. Das geschieht am besten anhand von selbstzulösenden Aufgaben, Rollenspielen oder Gruppenarbeit. Dabei werden anwender- und praxisorientierte Probleme durchgearbeitet. Die Teilnehmer können eigene Erfahrungen und Vorwissen einbringen sowie konkrete eigene Probleme besprechen.

Eine große Rolle bei Seminaren und Trainings spielt der *soziale Kontext*, in dem sie ablaufen. Das gemeinsame Lernen und Problemlösen in der Gruppe wirkt nicht nur motivierend, sondern ist auch effektiv. Für Prozesse der Selbsterfahrung in der Gruppe ist eine offene *vertrauensvolle Atmosphäre unumgänglich*, ohne Angst vor Image- oder Prestigeverlust. Durch Erfahrungsaustausch, Meinungsvielfalt und Kontakt mit Experten kommt es zu einem aktiven sowie *anwendungsbezogenem Lernen*, bei dem auch das Zusammengehörigkeitsgefühl der Gruppe eine wichtige Wirkkomponente darstellt. Schlüsselqualifikationen wie Teamgeist, Kooperationsfähigkeit und kommunikative Kompetenzen lassen sich in der Gruppe besonders gut trainieren.

In Seminaren und Trainings zur Persönlichkeitsentwicklung sollte die *Teilnehmerorientierung* an erster Stelle stehen. Damit ist eine Ganzheitlichkeit im Sinne der Verbindung von Wissensvermittlung, Teilnehmerorientierung und Transfer gemeint.

In allen Bereichen, angefangen von Werbung, über Inhalte, bis hin zu den Zielen, muss *Transparenz* herrschen.

Weitere grundlegende Punkte zur Bewertung eines besuchten Seminars sind:

- Aktualität des Inhalts / eigene Betroffenheit durch das Thema
- qualifizierte Trainer, Seminar- und Kursleiter, Referenten (fachliche Kompetenz, Persönlichkeit und soziale Kompetenz, Erfahrungen, individuelles Eingehen auf die Teilnehmer)
- Behandlung der angekündigten Themen
- Einhaltung der versprochenen Ziele
- Ganzheitlichkeit und Vielfalt der Methoden und ihr Gewinn bringender Einsatz.

Gerade für Persönlichkeitstrainings spielen die *Rahmenbedingungen* eine große Rolle. Sie begünstigen nicht nur die Akzeptanz der Seminarinhalte, sondern fördern auch die Lern- und Aufnahmebereitschaft. Nicht selten werden gezielt spektakuläre Bedingungen genutzt, um die Selbsterfahrung der Teilnehmer zu fördern. Deshalb sollten sie insgesamt dem Thema und den Bedürfnissen der Teilnehmer gerecht werden und ihre Ziele und Funktionen transparent sein. Zu nennen sind hier insbesondere:

- Bedingungen des Veranstaltungsorts (Lage, Unterbringung, Verpflegung, gegebenenfalls Freizeit- und Sportmöglichkeiten)
- Gruppengröße, Gruppenzusammensetzung
- Seminarräume (Größe, Lage, Ausstattung)
- Atmosphäre in der Gruppe
- Erhalt einer Seminarmappe und ausreichender Unterlagen
- Einsatz klassischer sowie auch neuer Medien

Letztlich hat gerade bezüglich der Rahmenbedingungen jeder Teilnehmer eine eigene Meinung. Er entscheidet, inwieweit Rahmenbedingungen für den eigenen Seminarerfolg förderlich oder für ihn nicht akzeptabel sind.

Zusammengefasst ergeben sich folgende Kriterien für eine Bewertung:

Transparenz

Teilnehmerorientierung

Qualifikation der Durchführenden

Förderung der Eigenaktivität der Teilnehmer

Anwender- und Praxisorientierung

gezielte Vermittlung von Wissen und Fertigkeiten

Gewinn bringender Einsatz vielfältiger Methoden

Einsatz traditioneller und neuer Medien

lernförderliche Rahmenbedingungen

6 Adressen und Ansprechpartner bei Fragen und Problemen

Adressen zu einigen der Methoden und Verfahren

Aktion Bildungsinformation e.V. (ABI)
Alte Poststraße 5
70173 Stuttgart

Arbeitsgemeinschaft für Verhaltensmodifikation (AVM)
Geschäftsstelle Deutschland
Lehrstuhl für Klinische Psychologie der Universität Bamberg
Markusplatz 3
96047 Bamberg

Deutscher Arbeitskreis für Gruppenpsychotherapie und Gruppendynamik (DAGG)
Landaustraße 18
34121 Kassel

Deutsche Gesellschaft für Ärztliche Hypnose und Autogenes Training (DGÄHAT)
Oberforstbacher Straße 416
52076 Aachen

Deutsche Gesellschaft für Psychoanalyse, Psychotherapie, Psychosomatik und Tiefenpsychologie e. V. (DGPT)
Johannisbollwerk 20/III
20459 Hamburg

Deutsche Gesellschaft für Kunsttherapie und Therapie mit Kreativen Medien e. V. (DGKT)
Kühlwetterstraße 49
40239 Düsseldorf

Deutsche Gesellschaft für Musiktherapie e. V. (DGMT)
Postfach 44 05 50
12005 Berlin

Deutsche Gesellschaft für Neurolinguistisches Programmieren (DGNLP)
Schloss Elbroich
Am Falder 4
40589 Düsseldorf

Deutsche Gesellschaft für Tanztherapie
Königsbergerstraße 60
50259 Puhlheim

Deutsche Gesellschaft für Transaktionsanalyse (DGTA)
Tannenbergstraße 29
90411 Nürnberg

Deutsche Vereinigung für Gestalttherapie (DVG)
Melemstraße 10
60318 Frankfurt / Main

Europäische Akademie für psychosoziale Gesundheit und Kreativitätsförderung (EAG)
Wefelsen 5
42449 Hückeswagen

Gesellschaft für analytische Gruppendynamik (GaG)
Rankestraße 4
80796 München

Internationale Gesellschaft für chinesische Medizin e. V.
Franz-Joseph-Straße 38
80801 München

Moreno-Institut für Psychodrama, Soziometrie und Gruppenpsychotherapie
Uhlandstraße 8
88662 Überlingen

Netzwerk für TaiChi Chuan und Qi Gong e. V.
Eppendorfer Landstraße 164
20251 Hamburg

Norddeutsches Institut für Bioenergetische Analyse
Postfach 14 22
32602 Vlotho

Psychologischer Arbeitskreis für Autogenes Training & Progressive Muskelrelaxation
Koogstraße 96
25541 Brunsbüttel

Verbraucherschutzinformationen

Ministerium für Kultur, Jugend, Familie und Frauen Rheinland-Pfalz
(Managementtraining und Psychokurse)
Brigitte Dewald-Koch
Mittlere Bleiche 61
55116 Mainz
Tel. 0 61 31/16 43 82

Psychotherapie-Informations-Dienst
Heilsbacher Str. 22
53123 Bonn
Tel. 02 28/74 66 99

Anhang

Fragebogen zu Maßnahmen der Persönlichkeitsentwicklung

ALLGEMEINE ERFAHRUNGEN MIT PERSÖNLICHKEITSENTWICKLUNG

1. Welche Maßnahmen der Persönlichkeitsentwicklung haben sie persönlich schon erlebt? *(Mehrfachantworten möglich)*

Seminare oder Trainings	☐1
Persönliches Coaching	☐2
Teamcoaching	☐3
Sonstige: Nämlich..?	☐4
Keine	☐5

Wenn Sie bisher keinerlei Erfahrungen mit derartigen Maßnahmen haben, springen Sie bitte auf Frage 27, sonst bitte weiter mit Frage 2!

2. Wie viele solcher Seminare oder Coachings aus diesem Bereich waren das bisher?

Seminare / Trainings: .... *(Bitte Anzahl der Seminare angeben!)*
Coaching: ....*(Bitte Anzahl der Sitzungen angeben!)*

Im Folgenden werden wir uns auf Ihre Erfahrungen mit <u>Seminaren/ Trainings</u> aus dem Bereich Persönlichkeitsentwicklung beschränken:

DAS SEMINAR MIT DEM NACHHALTIGSTEN EINDRUCK:

Wählen Sie sich zur Beantwortung der folgenden Fragen bitte das Seminar aus, welches bei Ihnen den <u>nachhaltigsten</u> Eindruck hinterlassen hat. Das kann sowohl in positiver aber auch negativer Hinsicht sein. Falls Sie <u>bisher nur ein</u> solches Seminar besucht haben, beziehen Sie sich bitte <u>auf dieses</u>!

Titel des Seminars: ....

3. War die Maßnahme eine........................Veranstaltung?

Firmeninterne	☐1
Externe	☐2

4. Teilnahme fand statt ....:	
Durch individuelle Initiative	☐1
Im Rahmen einer Maßnahme für eine Gruppe oder mehrere Mitarbeiter	☐2
Im Rahmen einer Ausbildungsmaßnahme	☐3
Durch Empfehlung von einem Vorgesetzten	☐4
Durch sonstiges	☐5

FRAGEN ZU DEN RAHMENBEDINGUNGEN:

5. Wie lange liegt das Seminar jetzt zurück?

................................Monate / Jahre *(Betreffendes bitte unterstreichen !)*

6. Dauer des Seminars:

.... *(Bitte Anzahl der Tage angeben !)*

7. Kosten des Seminars:

................................DM

Wurden getragen durch: eigene Person ☐1   Firma ☐2   Sonstiges ☐3

8. Unter welchen nennenswerten Bedingungen / Situationen, die für das Ergebnis des Seminars von Bedeutung waren, hat es statt gefunden? (bspw. besondere Räumlichkeiten oder Umfeld, gezielte Regeln oder Vorschriften, besondere Gruppenzusammensetzung etc.)

....
....
....

FRAGEN ZU ERWARTUNGEN UND ZIELEN:

9. Welche persönlichen Ziele / Vorstellungen hatten Sie für das Seminar? *(Schätzen Sie diese bitte mithilfe der Skala unten ein!)*

	Ja 1	Eher Ja 2	Eher Nein 3	Nein 4
a) beruflich / fachliche Weiterqualifikation	☐	☐	☐	☐
b) Erhalt von gezielten Tipps und Tools für beruflichen Erfolg	☐	☐	☐	☐
c) Klärung von Fragen zum Umgang im Team	☐	☐	☐	☐
d) Klärung von Fragen zu privaten Beziehungen (Familie, Partnerschaft, Freunde)	☐	☐	☐	☐
e) Klärung von Fragen zur eigenen Person (Potenziale, Standortbestimmung etc.)	☐	☐	☐	☐
f) Erholung und einfach Spaß haben	☐	☐	☐	☐
d) Sonstiges	☐	☐	☐	☐

FRAGEN ZU INHALTEN, METHODEN, ATMOSPHÄRE

Schätzen Sie bitte das Seminar auf den folgenden Skalen ein!

10. Veranstaltungsablauf:

Abwechslungsreich	+++	++	+	-	--	---	Eintönig

11. Seminaratmosphäre:

Angenehm	+++	++	+	-	--	---	Unangenehm/ Angespannt

12. Teilnehmerkreis:

Zusammensetzung gut	+++	++	+	-	--	---	Zusammensetzung unvorteilhaft

13. Wie stark hat Sie das Seminar persönlich betroffen?

Hat mich sehr berührt	+++	++	+	-	--	---	Hat mich kalt gelassen

Erinnern sie sich noch an einige konkrete Verfahren / Methoden, die verwendet wurden?
14. Wie nützlich empfanden Sie die angewandten methodischen Mittel / Elemente?

(Wählen Sie bitte aus der folgenden Liste die verwendeten Methoden / Verfahren aus und schätzen Sie deren Nützlichkeit ein!)

	Sehr nützlich 1	Nützlich 2	Kaum nützlich 3	Nicht Nützlich 4
METHODISCHE MITTEL:				
Vorträge / Referate	☐	☐	☐	☐
Plenumsdiskussionen	☐	☐	☐	☐
Gruppenarbeit	☐	☐	☐	☐
Gruppendynamische Übungen	☐	☐	☐	☐
Outdoortraining (Team-/ Gruppenarbeit)	☐	☐	☐	☐
Selbsterfahrungsübungen	☐	☐	☐	☐
Entspannungsübungen / Lockerungstechniken	☐	☐	☐	☐
EINIGE GEZIELTE VERFAHREN / METHODEN:				
Kommunikationsübungen / Rollenspiele	☐	☐	☐	☐
NLP (Neuro-Linguistisches-Programmieren)	☐	☐	☐	☐
Meditation	☐	☐	☐	☐
Imaginationsverfahren	☐	☐	☐	☐
Positives Denken	☐	☐	☐	☐
Körperarbeit (Atem-, Energiearbeit, Massage)	☐	☐	☐	☐
Skriptanalyse / Biografiearbeit	☐	☐	☐	☐
Künstlerische Verfahren (Tanz, Malen, Musik, Handwerk)	☐	☐	☐	☐
Fernöstliche Verfahren / Heilmethoden: Joga / Tai Chi / Ayurveda / Zen	☐	☐	☐	☐
Esoterisch / spirituelleVerfahren (Edelstein-,Aroma-,Chakratherapie,Astrologie,Reiki,Schamanismus)	☐	☐	☐	☐
Fitness-/ Ernährungsberatung	☐	☐	☐	☐
Persönlichkeitstests	☐	☐	☐	☐
Andere, für Sie unbekannte / ungewöhnliche Verfahren oder Mittel Nämlich:..?	☐	☐	☐	☐
Sonstiges: Nämlich:..?	☐	☐	☐	☐

FRAGEN ZUM TRAINER BZW. TRAINERTEAM

15. Wie viele Trainer/innen haben das Seminar durchgeführt?

..................................(bitte Anzahl angeben)

16. Wie schätzen Sie den/die Trainer/in bzw. das Trainerteam auf den folgenden Skalen ein?

	+++	++	+	-	--	---	
Kompetent							Inkompetent
Persönlich sympathisch							Persönlich unsympathisch
Teilnehmerorientiert							Nicht teilnehmerorientiert

FRAGEN ZU VERÄNDERUNGEN UND NUTZEN DURCH DAS SEMINAR

Bitte vervollständigen Sie die folgenden Sätze mit wenigen Worten:

17. **Am wichtigsten** war für mich an dieser Veranstaltung

....

18. **Besonders gut gefallen** hat mir

....

19. **Kritisch** für mich oder für andere empfand ich

....

20. Empfanden Sie das Seminar bezüglich der folgenden Kategorien lohnenswert?
(Schätzen Sie bitte wieder auf den Skalen von Ja / Eher ja / Eher nein / Nein ein!)

	Ja 1	Eher Ja 2	Ehern ein 3	Nein 4
a) beruflich / fachlicher Weiterqualifikation	❏	❏	❏	❏
b) Erhalt von gezielten Tipps und Tools für beruflichen Erfolg	❏	❏	❏	❏
c) Klärung von Fragen zum Umgang im Team	❏	❏	❏	❏
d) Klärung von Fragen zu privaten Beziehungen (Familie, Partnerschaft, Freunde)	❏	❏	❏	❏
e) Klärung von Fragen zur eigenen Person (Potenziale, Standortbestimmung etc.)	❏	❏	❏	❏
f) Erholung und einfach Spaß haben	❏	❏	❏	❏
d) Sonstigem	❏	❏	❏	❏

21. Wurden Ihre persönlichen Erwartungen an das Seminar erfüllt?

	Ja 1	Eher Ja 2	Ehern ein 3	Nein 4
	❏	❏	❏	❏

EINE WESENTLICHE BOTSCHAFT AUS DEM SEMINAR:

Wenn Sie das Seminar noch einmal Revue passieren lassen:

22. Welches ist der wichtigste Impuls, den Sie für sich persönlich in diesem Seminar erhalten haben?

Gibt es diesbezüglich einen Leitsatz / eine Botschaft oder Message, die Ihnen für ihr Leben wertvoll erscheint - und die Sie bereits für sich nutzen oder in Zukunft nutzen wollen?

....

....

....

....

23. Was hat sich durch das Seminar bei Ihnen verändert? *(Benutzen sie bitte wieder die vorgegebenen Skalen von Ja bis Nein zur Einschätzung !)*

	Ja 1	Eher ja 2	Eher nein 3	Nein 4
Höhere Qualität der Kommunikation (Beruf, Familie, Freunde etc.)	☐	☐	☐	☐
Allgemeines Wohlbefinden / innere Ruhe	☐	☐	☐	☐
Besserung körperlicher Beschwerden	☐	☐	☐	☐
Stabilisierung des emotionalen Befindens	☐	☐	☐	☐
In beruflichen Dingen sicherer geworden.	☐	☐	☐	☐
Kann meine Fähigkeiten und Potenziale besser einsetzen.	☐	☐	☐	☐
Erkenne eigene Ziele, Wünsche, Bedürfnisse besser.	☐	☐	☐	☐
Treffe besser Entscheidungen.	☐	☐	☐	☐
Trage mehr Verantwortung für mich selbst und mein Leben	☐	☐	☐	☐
Habe für mich neue Handlungsmöglichkeiten für konflikthafte Situationen entdeckt.	☐	☐	☐	☐
Habe neue Werthaltungen bzw. Weltsichten erhalten.	☐	☐	☐	☐
Kann andere Menschen besser verstehen.	☐	☐	☐	☐
Bin kooperativer geworden.	☐	☐	☐	☐
Habe mehr Spaß im Leben.	☐	☐	☐	☐
Kann mit Stress besser umgehen.	☐	☐	☐	☐
Habe mehr Kraft und Sicherheit in mir selbst gefunden.	☐	☐	☐	☐
Habe Anregungen für konkrete Veränderungen bestimmter Lebensumstände (berufliche / familiäre Veränderungen etc.) bekommen.	☐	☐	☐	☐
Freundeskreise haben sich vertieft oder sind neu entstanden.	☐	☐	☐	☐
Komplexe, schwer definierbare Veränderungen haben sich ergeben	☐	☐	☐	☐
Sonstige Veränderungen: Nämlich..?	☐	☐	☐	☐

24. Wo liegen möglicherweise Schwierigkeiten bei der Umsetzung des Gelernten in die Praxis?

	Ja 1	Eher ja 2	Eher nein 3	Nein 4
An schwerer Anpassung von Theorie und Praxis	☐	☐	☐	☐
An mangelnder Kooperation und Unterstützung der Kollegen/Mitarbeiter	☐	☐	☐	☐
An mangelnder Unterstützung durch Vorgesetzte	☐	☐	☐	☐
An Familie / Freunden	☐	☐	☐	☐
An Ihnen selbst	☐	☐	☐	☐
An Zeitmangel	☐	☐	☐	☐
An Traditionen / Gewohnheiten	☐	☐	☐	☐
Sonstiges.................................	☐	☐	☐	☐

25. Welche Dinge haben Ihrer Meinung nach wesentlich zur Wirksamkeit des Seminars beigetragen?

	Ja 1	Eher ja 2	Eher nein 3	Nein 4
Professionalität der/des Trainers	☐	☐	☐	☐
Persönlichkeit / Ausstrahlung der/des Trainers	☐	☐	☐	☐
Vermittelte Methoden / Theorien an sich	☐	☐	☐	☐
Individuelles Arbeiten mit den Teilnehmern	☐	☐	☐	☐
Ganzheitliches, selbsterfahrungsbezogenes Lernen	☐	☐	☐	☐
Rahmenbedingungen des Seminars (Umgebung, Verpflegung, Regeln...)	☐	☐	☐	☐
Atmosphäre in der Gruppe	☐	☐	☐	☐
Rasch und intensiv spürbare Veränderungen	☐	☐	☐	☐
Sonstiges..................................	☐	☐	☐	☐

26. Würden Sie das Seminar:..................................?

Anderen weiterempfehlen   ja ☐1   nein ☐2

27. In welcher Form würden Sie generell Maßnahmen zur Persönlichkeitsentwicklung (weiterhin) nutzen? *(Mehrfachantworten möglich)*

Wochenendseminare	☐1
Intensivseminare über mehrere Tage	☐2
Seminar mit anschließender Transferbegleitung	☐3
Individuelles Coaching	☐4
Teamcoaching	☐5
Sonstiges	☐6
Weder noch	☐7

FRAGEN ZU IHRER LEBENSEINSTELLUNG UND PERSÖNLICHKEIT

Die folgenden Sätze erhalten Aussagen zu verschiedenen Aspekten Ihrer Lebenseinstellung und der Persönlichkeit.
Wenn Sie einer Aussage *vollständig zustimmen*, dann kreuzen Sie bitte "**JA**" an.
Bei *teilweiser Bejahung*, kreuzen Sie bitte "**eher ja**" an; sowie bei *teilweiser Verneinung* bitte "**eher nein**".
Wenn Sie eine Aussage *vollständig ablehnen*, so machen Sie bitte ein Kreuz unter "**NEIN**".

-----------*Beginnen Sie bitte auf der folgenden Seite!*--------------

	JA 1	Eher ja 2	Eher Nein 3	NEIN 4
1. Führungsqualitäten sind sehr wichtig für mich.				
2. In einer Auseinandersetzung gelingt es mir meistens, andere für mich zu gewinnen.				
3. Meine Freunde halten mich für energisch.				
4. Ich vermeide einflussreiche Positionen.				
5. Ich überlasse die Führung meistens anderen und schließe mich deren Meinung an.				
6. Ich ziehe es vor, von niemandes Hilfe abhängig zu sein.				
7. Es fällt mir schwer, Entscheidungen ohne den Rat anderer zu treffen.				
8. Ich schätze es immer, wenn andere Anteil an meinen Belangen nehmen.				
9. Ich behalte meine Probleme für mich.				
10. Ich werde am liebsten selbst mit meinen Schwierigkeiten fertig.				
11. Ich bemühe mich oft um den Rat anderer Leute.				
12. Im Allgemeinen bin ich zuversichtlich.				
13. Wenn ich jetzt zurückblicke, kann ich meinen Lebensweg bejahen.				
14. Mein Optimismus hat mir schon oft geholfen.				
15. Vieles, was ich tue ,macht mir Freude.				
16. So, wie ich bin, fühle ich mich wohl.				
17. Ich kann zu meinem Leben, so wie es ist, "Ja" sagen.				
18. Für Dinge, die ich erreichen will, setze ich mich nach allen Kräften ein.				
19. Ich bin leider ein Mensch, der sich im Leben nicht behaupten kann.				
20. Es fällt mir schwer, Entscheidungen zu treffen.				

	JA 1	Eher ja 2	Eher Nein 3	NEIN 4
21. Ich habe ein gutes Durchhaltevermögen.				
22. Ich habe Achtung vor mir selbst.				
23. Im Vergleich zu anderen, fühle ich mich oft unterlegen.				
24. Meine Lebenswerte bestimme ich selbst.				
25. Ich bin nicht darauf angewiesen, dass andere meine Sichtweise teilen.				
26. Ich habe wenig Selbstvertrauen.				
27. Im Allgemeinen werde ich durch meine Ängste nicht behindert.				
28. Kritik an meinem Verhalten kann ich ganz gut verkraften.				
29. Ich fühle mich frei so zu sein, wie ich bin, und trage dafür auch die Konsequenzen.				
30. Gewöhnlich kann ich meine eigenen Interessen selbst vertreten.				
31. Ich überdenke mein Verhalten oft.				
32. Ich kenne mich ganz gut.				
33. Ich setze mich immer wieder mit mir auseinander.				
34. Ich mache immer wieder Erfahrungen, die mich persönlich weiterbringen.				
35. Meistens habe ich ein Gefühl der inneren Gelassenheit.				
36. Ich glaube, dass mein Leben einen Sinn hat.				
37. Ich bin dabei, mich selbst zu verwirklichen.				
38. Ich habe Angst, eines Tages vor unlösbaren Problemen zu stehen.				
39. Im Allgemeinen bin ich spontan.				
40. Ich habe Schwierigkeiten im Umgang mit Menschen.				
41. Ich weiß von vielen Menschen, dass sie mich sympathisch finden.				
42. Ich setze mich für die Belange anderer ein.				

ZUM ABSCHLUSS:
NOCH EINIGE FRAGEN ZU IHRER PERSON:

1. Wie alt sind Sie?

☐☐ Jahre

2. Ihr Geschlecht?
- Weiblich .... ☐ 1
- Männlich .... ☐ 2

3. Sind Sie in den alten oder neuen Bundesländern aufgewachsen?
- ALTE Bundesländer .... ☐ 1
- NEUE Bundesländer .... ☐ 2

4. Als was sind Sie tätig?

_____

5. In welcher Branche sind Sie tätig?
- Industrie .... ☐ 1
- Handel .... ☐ 2
- Banken .... ☐ 3
- Versicherungen .... ☐ 4
- Dienstleistungen .... ☐ 5

6. Sind Sie als Führungskraft tätig?
- ja .... ☐ 1
- nein .... ☐ 2

(Wenn nein, bitte weiter mit Frage 10.)

7. Wie viele Mitarbeiter führen Sie gegenwärtig?

.... *(Bitte Anzahl angeben!)*

8. Führen Sie auch Führungskräfte?
- ja .... ☐ 1
- nein .... ☐ 2

9. Wie lange sind schon als Sie Führungskraft tätig?

....

10. Ihr Familienstand?
- Ledig .... ☐ 1
- Verheiratet .... ☐ 2
- Geschieden .... ☐ 3
- Verwitwet .... ☐ 4

EIN GROSSES DANKESCHÖN für Ihre Anworten !

Weiterhin viel Erfolg und interessante Erlebnisse!

Literaturverzeichnis

Allport, G. W. (1959). *Persönlichkeit*. Meisenheim: Hain.

Amelang, M. & Bartussek, D. (1997). *Differentielle Psychologie und Persönlichkeitsforschung* (4. überarbeitete Auflage). Stuttgart: Kohlhammer.

Andritzky, W. (1997). *Alternative Gesundheitskultur – Eine Bestandsaufnahme mit Teilnehmerbefragung*. (Forschungsberichte zur transkulturellen Medizin und Psychotherapie; Bd. 4). Berlin: Verlag für Wissenschaft und Forschung.

Asendorpf, J. B. (1996). *Psychologie der Persönlichkeit*. Berlin und Heidelberg: Springer.

Bagley, D. S. & Reese, E. J. (1990). *Beyond Selling. Die neue Dimension im Verkauf – Wie Sie Ihre persönliche Wirksamkeit voll entfalten können*. Freiburg. Verlag für Angewandte Kinesiologie.

Baltes, P. B. (1987). Theoretical propositions of life-span developmental psychology: On the dynamics between growth and decline. *Developmental Psychology, 23*, 611–626.

Barrois, J. (1994). Neue Wege des Lernens, Trainierens und Coachens. In: Lehmann, R. G. (Hrsg.), *Weiterbildung und Management – Planung, Praxis, Methoden, Medien*. Landsberg/Lech: Verlag moderne Industrie.

Berthold, H.-J., Gebert, D., Rehmann, B. & Rosenstiel, L. v. (1980). Schulung von Führungskräften – eine empirische Untersuchung über Bedingungen und Effizienz. *Zeitschrift für Organisation, 4*, 221–229.

Bieker, J. (1991). Von der Personal- zur Persönlichkeitsentwicklung. In: Papmehl, A. & Walsh, I. (Hrsg.), *Personalentwicklung im Wandel*. Wiesbaden: Gabler.

Bigelow, J. D. (1991). *Managerial Skills. Explorations in Practical Knowledge*. Newbury Park. California.

Böning, U. (1994). Ist Coaching eine Modeerscheinung? In: Hoffmann, L./Regnet, E. (Hrsg.), *Innovative Weiterbildungskonzepte*. Göttingen: Verlag für angewandte Psychologie.

Bortz, J. (1993). *Statistik für Sozialwissenschaftler* (4. Auflage). Berlin und Heidelberg: Springer.

Brandstätter, H. (1992). Veränderbarkeit von Persönlichkeitsmerkmalen – Beiträge der Differentiellen Psychologie. In: Kh. Sonntag (Hrsg.), *Personalentwicklung in Organisationen* (S. 39–61). Göttingen: Hogrefe.

Brinkerhoff, R. O. (1986). *The Training/Evaluation Cycle*. Kalamazoo: Western Michigan University.

Bronfenbrenner, U. (1979). *The ecology of human development*. Cambridge, Mass.: Harvard University Press.

Bronner, R. & Schröder, W. (1983). *Weiterbildungserfolg. Modelle und Beispiele systematischer Erfolgssteuerung.* München: Hanser.

Bühle, A. & Zöfel, P. (1994). *SPSS für Windows Version 6.* Bonn: Addison-Wesley Publishing Company.

Burke, M. J. & Day, R. R. (1986). A cumulative study of the effectiveness of Managerial Training. *Journal of Applied Psychology, Vol. 71, 2,* 232–245.

Caberta, U., Goldner, S., Hemminger, H. (1997). Der Verstand bleibt auf der Strecke. *Handelsblatt Karriere, Nr. 57.*

Carrol, S., Paine, F., Ivancevich, J. (1972). The relative effectiveness of training methods – Expert opinion and research. *Personnel Psychology, 3,* 495–509.

Cattell, R. B. (1966). The scree test for the numbar of factors. *Multivariat behavioral research. 1,* 245–276.

Clauß, G. & Ebner, H. (1992). *Statistik für Soziologen, Pädagogen, Psychologen und Mediziner.* (7. Auflage) Berlin: Volk und Wissen.

Cohen, S. L. (1991). The challenge of training in the Nineties. *Training and Development, July,* 30–35.

Comelli, G. (1985). *Training als Beitrag zur Organisationsentwicklung.* Handbuch der Weiterbildung für die Praxis in Wirtschaft und Verwaltung. Bd. 4. München: Hanser.

Conley, J. J. (1985). Longitudinal stability of personality traits: A multitrait-multimethod-multioccasion analysis. *Journal of Personality and Social Psychology, 49,* 1266–1282.

Conrad, P. (1994). Der Psychokult als Unternehmen. *Report Psychologie, 19, 4,* 24–34.

Covey, S. R. (1989). *The seven habits of highly effective people: Restoring the character ethic.* New York: Fireside Books. Simon & Schuster.

Dicke, H. 1995). *Der deutsche Markt für berufliche Weiterbildung.* Kieler Studien. Tübingen: Mohr.

Dörner, D. (1982). Lernen des Wissens- und Kompetenzerwerbs. In: Treiber, B. & Weinert, F. E. (Hrsg.), *Lehr- und Lernforschung.* München, Wien, Baltimore S. 134–148.

Doppler, K. & Lauterburg, Ch. (1994). *Change Management.* Frankfurt/M. und New York: Campus-Verlag.

Dorsch, F. & Häcker, H. & Stapf, K. H. (Hrsg.). (1994). *Psychologisches Wörterbuch.* Göttingen: Huber.

Eichenberger, P. C. (1990). Millionen für die Bildung, Pfennige für Evaluation. *Personalwirtschaft, 3,* 35–43.

Erpenbeck, J. (1994). Modelle von Wertewandel – warum, woher, wie weiter? Theoretische Ansätze und ihre praktische Umsetzung in der Personal- und Organisationsentwicklung. In: Heyse, V. (Hrsg.), *Personal- und Organisationsentwicklung, Wertewandel und Krisenmanagement*. Berlin: SEMDOC.

Federspiel, K. & Lackinger-Karger, I. (1996). *Kursbuch Seele*. Köln: Kiepenheuer & Witsch.

Fisch, R. & Fiala, S. (1984). Wie erfolgreich ist Führungstraining? Eine Bilanz neuester Literatur. *Die Betriebswirtschaft 44, 2*, 193–203.

Fischer, R., Gehm, T. (1990). Persönlichkeitsänderung durch Training von Psychotechniken? *Report Psychologie, Oktober*, 24–32.

Fisseni, H. J. (1998). *Persönlichkeitspsychologie*. Göttingen: Hogrefe.

Gairing, F. (1996). *Organisationsentwicklung als Lernprozess von Menschen und Systemen*. Weinheim: Deutscher Studien Verlag.

Gasper, H., Müller, J., Valentin, F. (1990). *Lexikon der Sekten, Sondergemeinschaften und Weltanschauungen*. Freiburg i. Br.: Herder.

Goldner, S. (1996). Vorsicht vor Gehirnwäscher. *SINUS-Mitgliederinfo IV//96. Wirtschaft & Weiterbildung, 4.*

Götz, K. & Philipp, T. (1993). Berufliche Bildung und Spiritualität. *Zeitschrift für Beruf- und Wirtschaftspädagogik, 3*, 312–321.

Götz, K. (1998 a,b,c). *Zur Evaluierung beruflicher Weiterbildung* (Bände 1, 2, 3). Weinheim: Beltz – Deutscher Studien Verlag.

Götz, K. (1994). Führung und Persönlichkeit. Betriebliche Weiterbildung zur Persönlichkeitsentwicklung für Führungskräfte. *Zeitschrift für Personalforschung, 4*, 446–463.

Götz, K. (1997). Betriebliche Weiterbildungsinstitutionen im Wandel. Führungskräfteförderung und Beratung in der Mercedes-Benz AG. *QUEM-report. Schriften zur beruflichen Weiterbildung, 47*, 96–121.

Götz, K. (1997). *Management und Weiterbildung. Führen und Lernen in Organisationen*. Grundlagen der Berufs- und Erwachsenenbildung. Band 9. Hohengehren: Schneider Verlag.

Graf, J. & Bußmann, N. (1996). Trendanalyse: Quo vadis, Weiterbildung?. In: J. Graf (Hrsg.), *Das Jahrbuch der Management Weiterbildung 1997*. Bonn: ManagerSeminare Gerhard May Verlags GmbH.

Grawe, K., Donati, R. & Bernauer, F. (1994). *Psychotherapie im Wandel. Von der Konfession zur Profession*. Göttingen: Hogrefe.

Gross, W. (Hrsg.). (1997). *Karriere(n) in der Krise. Die seelischen Kosten des beruflichen Aufstiegs*. Bonn: Deutscher Psychologen Verlag.

Gusy, B. & Kleiber, D. (1997). Ist Burnout ein Karriereleiden? In: Gross, W. (Hrsg.), *Karriere(n) in der Krise. Die seelischen Kosten des beruflichen Aufstiegs*. Bonn: Deutscher Psychologen Verlag.

Heintel, P. (1995). *Beschleunigung und Verzögerung*. Positionspapier, Klagenfurt.

Heintel, P. (1993). Vision und Selbstorganisation. In: U. Sollmann & R. Heinze (Hrsg.), *Visionsmanagement*. Zürich.

Hemminger, H.-J. & Keden, J. (1997). *Seele aus zweiter Hand. Psychotechniken und Psychokonzerne*. Stuttgart: Quell Verlag.

Hemminger, H. (1996). *Eine Erfolgspersönlichkeit entwickeln? Psychokurse und Erfolgstechniken in der Wirtschaft*. EZW – Texte, Nr. 132.

Hoffmann, M. L. & Streich, R. (1994). Persönlichkeitsmanagement – Managerpersönlichkeit? In: Hoffmann, L./Regnet, E. (Hrsg.), *Innovative Weiterbildungskonzepte*, Göttingen: Verlag für angewandte Psychologie.

Hoffmann, M. L., Linneweh, K., Streich, R. (Hrsg.). (1997). *Erfolgsfaktor Persönlichkeit*. München: Beck.

Hoffmann, M. L., Regnet, E. (Hrsg.). (1994). *Innovative Weiterbildungskonzepte*. Göttingen: Verlag für angewandte Psychologie.

Hofstetter, H. (1988). *Die Leiden der Leitenden*. Köln: Data-Kontext-Verlag.

INPUT/basis research (1988). *Trendmonitor I/88, Arbeitswelt*, Paderborn.

Kayser, J. (1992). Evaluation externer Angebote. In: v. Landsberg, G. & Weiß, R. *Bildungs-Controlling*, Stuttgart: Schäffer-Poeschel.

Kindler, H. S. (1979). The influence of a meditation-relaxation technique on group problem-solving effectiveness. *Journal of applied behavioral science, Bd. 15*, 527–533.

Knoppe, T. (1994). Über das „Risiko" Persönlichkeitsentwicklung. In: T. Knoppe & B. M. Lindenberg (Hrsg.), *Modernisierungsstrategien von Unternehmen zwischen Organisations- und Persönlichkeitsentwicklung*, 41–62. Düsseldorfer Schriften zur Unternehmensführung. (Band 1). Düsseldorf: Zenon-Verlag.

Kreuzer, B. (1989). Anspruch und Wirklichkeit. *Management Wissen, 9*, 108–112.

Latham, G. P. & Saari, L. M. (1979). Application of social-learning theory to training supervisors through behavioral modeling. *Journal of Applied Psychology, 3*, 239–246.

Leiter, R., Runge, T., Burschik, R. & Grausam, G. (1982). *Der Weiterbildungsbedarf im Unternehmen – Methoden der Ermittlung. Handbuch der Weiterbildung. Band 2*. München: Hanser.

Lewin, K. (1936). Some social-psychological differences between the United States and Germany. *Character and Personality, 4*, 265–293.

Magnusson, D. (1990). Personality development from an interactional perspective. In: Pervin, L. A. (Ed.), *Handbook of personality: Theory and Research*, 193–222. New York: Guilford.

Mayer, B. & Götz, K. (1998). Funktionen und Wirkungen persönlichkeitsorientierter Trainings in Organisationen. Eine Untersuchung in der Führungskräfteförderung der Mercedes-Benz AG. *Gruppendynamik, 29*, 275-294.

Mayring, P. (1990). *Qualitative Inhaltsanalyse. Grundlagen und Techniken.* Weinheim.

Merk, R. (1994). Weiterbildungsmanagement für die 90er-Jahre in unternehmerischen Zusammenhängen. In: Lehmann, R. G. (Hrsg.), *Weiterbildung und Management – Planung, Praxis, Methoden, Medien.* Landsberg/Lech: Verlag moderne Industrie.

Micklethwait, J. & Wooldridge, A. (1996). *The Witch Doctors. Making sense of the Management Gurus.* New York: Times Books.

Ministerium für Wirtschaft (Hrsg.). (1990). *Betriebliche Weiterbildung. Forschungsstand und Forschungsperspektiven.* Studien zu Bildung und Wissenschaft. Bad Honnef: Bock.

Mischel, W. (1968). *Personality and assessment.* New York: Wiley.

Neider, L. L. (1981). Training effectiveness: Changing attitudes. *Training and Development Journal, 12,* 24–28.

Neuberger, O. (1985). *Führen und geführt werden.* Stuttgart: Enke.

Neuberger, O. (1987). Der Hintersinn der Schulung. *Management Wissen, 2,* 74–79.

Neuberger, O. (1994). *Personalentwicklung* (2. durchgesehene Auflage). Stuttgart: Enke.

Newstrom, J. (1980). Evaluating the effectiveness of training methods. *The Personnel Administrator, 1,* 55–60.

Nork, M. E. (1991). *Management Training.* Evaluation – Probleme – Lösungsansätze. München und Mering: Rainer Hampp Verlag.

Oerter, R. (1992). Menschliche Entwicklung und ihre Gestaltbarkeit – Beiträge der Entwicklungspsychologie. In: Kh. Sonntag (Hrsg.), *Personalentwicklung in Organisationen,* 19–37. Göttingen: Hogrefe.

Pause, W. & Stegmann, W. (1996). *Kostenfaktor Angst.* Landsberg/Lech: Verlag moderne Industrie.

Pervin, L. A. (1993). *Persönlichkeitstheorien* (3. Auflage). München: Reinhardt Verlag.

Petermann, F. (1977). *Methoden und Probleme der Veränderungsmessung.* Diss. Bonn.

Poweleit, D. (1994). Sekten in der Wirtschaft: Der gezielte Griff zur Macht. *Report Psychologie, 19 (4),* 36–38.

Quinn, R. E., Sendelbach, N. B. & Spreitzer, S. M. (1991). Education and Empowerment: A Transformational Model of managerial skills development. In: Bigelow, J. D. (Hrsg.), *Managerial Skills. Explorations in Practical Knowledge*. Newbury Park. California.

Regnet, E. (1994). Anforderungen an die Führungskraft der Zukunft – Aufgabe und Chance für die Weiterbildung. In: Hoffmann, L./Regnet, E. (Hrsg.), *Innovative Weiterbildungskonzepte*. Göttingen: Verlag für angewandte Psychologie.

Regnet, E. (1997). Persönlichkeitsentwicklung in der Weiterbildung – ein Überblick. In: Hoffmann, M. L., Linneweh, K., Streich, R. (Hrsg.). *Erfolgsfaktor Persönlichkeit*. München: Beck.

Robinson, K. R. (1985). *A Handbook of Management Training – 2nd ed*. London: Kogan Page Ltd.

Rosenstiel, L. v. (1992). Entwicklung von Werthaltungen und interpersonaler Kompetenz – Beiträge der Sozialpsychologie. In Kh. Sonntag (Hrsg.), *Personalentwicklung in Organisationen* (S. 83–105). Göttingen: Hogrefe.

Schettgen, P. (1994). Fernöstliche Kampfkunst und modernes Management. In: Hoffmann, L./Regnet, E. (Hrsg.). *Innovative Weiterbildungskonzepte*. Göttingen: Verlag für angewandte Psychologie.

Schindewolf, R. (1988). Veränderungsmessung im sozialpsychologischen Verhaltenstraining. *Psychologische Praxis, 6*, 123–131.

Schneider, U. (1994). *Mitarbeitertrainings unter der Lupe: Zum Sinn und Unsinn betrieblicher Weiterbildung*. Wiesbaden: Gabler.

Schönhammer, R. (1985). *Psychologisches Führungstraining und die Mentalität von Führungskräften. Eine theoretische und empirische Studie über Perspektiven auf die menschlichen Beziehungen in der Hierarchie*. Berlin: Duncker & Humboldt.

Schwertfeger, B. (1998). *Der Griff nach der Psyche. Was umstrittene Persönlichkeitstrainer in Unternehmen anrichten*. Frankfurt/New York: Campus Verlag.

Schwertfeger, B. (1997a). In drei Tagen zum Glück. *Süddeutsche Zeitung, 13, 3*, S. 19.

Schwertfeger, B. (1997b). Tanzen wie ein Derwisch. *Wirtschaftswoche, Nr. 19*, 94–95.

Smith, P. B. (1975). Controlled studies of the outcomes of sensitivity training. *Psychological Bulletin, 82*, 597–622.

Sogunro, O. A. (1997). Impact of training on leadership development. In: *Evaluation Review, Vol. 21, No. 6, December*, 713–737.

Sonntag, Kh. & Schaper, N. (1992). Förderung beruflicher Handlungskompetenz. In Kh. Sonntag (Hrsg.), *Personalentwicklung in Organisationen* (S. 187–210). Göttingen: Hogrefe.

Streich, R. (1997a). Selbstverantwortung, -reflexion und -regulierung. In: Hoffmann, M. L., Linneweh, K., Streich, R. (Hrsg.), *Erfolgsfaktor Persönlichkeit*, (S. 295–307). München: Beck.

Streich, R. (1997b). Lebensfelder der Führungskraft. In: Hoffmann, M. L., Linneweh, K., Streich, R. (Hrsg.). *Erfolgsfaktor Persönlichkeit*, 117–136. München: Beck.

Streich, R. (1997c). Dual Career Couples – wenn beide Karriere machen. In: Hoffmann, M. L., Linneweh, K., Streich, R. (Hrsg.): *Erfolgsfaktor Persönlichkeit*, 241–253. München: Beck.

Streich, R. (1997d). Ehestabilität und Ehezufriedenheit. In: Hoffmann, M. L., Linneweh, K., Streich, R. (Hrsg.). *Erfolgsfaktor Persönlichkeit* (S. 253–268). München: Beck.

Stumpf, H., Angleitner, A., Wieck, T., Jackson, D. N. & Beloch-Till, H. (1985). *Deutsche Personality Research Form (PRF)*. Göttingen: Hogrefe.

Thies, H. (1996). Seelen-Striptease in der "Villa Fürchterlich". *Hannoversche Allgemeine, 10*.

Tönnis, S., Plöhn, S. & Krippendorf, U. (1996). *Skalen zur psychischen Gesundheit (SPG)*. Heidelberg: Asanger.

Ulsamer, B. (1994). Management und Meditation: Zwei Gegensätze nähern sich – Meditation als Übung für den beruflichen Alltag. In: Lehmann, R. G. (Hrsg.), *Weiterbildung und Management – Planung, Praxis, Methoden, Medien*. Landsberg/Lech: Verlag moderne Industrie.

Weber, D. (1986). Der Chef als Coach. *Management Wissen, 10*, 12–26.

Wilder, J. (1981). "Ausgangswert-Gesetz" – ein unbeachtetes Gesetz, seine Bedeutung für Forschung und Praxis. In: *Klinische Wochenschrift, 10*.

Winkler, S. & Stein, F. (1994). Outdoor-Training: ein Erfahrungsbericht. In: Hoffmann, L. & Regnet, E. (Hrsg.), *Innovative Weiterbildungskonzepte*. Göttingen: Verlag für angewandte Psychologie.

Witte, E. (1981). *Führungskräfte der Wirtschaft. Eine empirische Analyse ihrer Situation und ihrer Erwartungen*. Stuttgart: Poeschel Verlag.

Wottawa, H. & Thierau, H. (1990). *Lehrbuch Evaluation*. Bern: Huber.

Wrightsman, L. S. (1988). *Personality Development in Adulthood*. London, Thousand Oaks: SAGE Publications.

York, U. (1996). *Kursbuch Alternative Therapien: Von Akupunktur bis Wassertherapie*. Köln: vgs.

Zimbardo, P. G. (1992). *Psychologie*. Berlin und Heidelberg: Springer-Verlag.

Autorinnen und Autoren

Jana Leidenfrost, Jg. 1971. Dipl.-Psychologin, Studium der Psychologie an der Friedrich-Schiller-Universität Jena. Seit 1999 Doktorandin bei Daimler-Chrysler im Bereich „Personal Zentrale/Organisations-, Management- und Personalentwicklung". Interessenschwerpunkte: Persönlichkeitsentwicklung, Coaching, Sport und Gesundheit im Management.

Klaus Götz, Jg. 1957. Univ.-Dozent, Dr. phil., Studium der Pädagogik, Psychologie und Philosophie in Eichstätt, Wolverhampton, Wien und Regensburg. Er ist Leiter „Managementkonzepte" bei „Personal Zentrale/Organisations-, Management- und Personalentwicklung" der DaimlerChrysler AG. Gastprofessuren an den Universitäten Graz, Klagenfurt, Innsbruck und Zürich.

Gerhard Hellmeister Jg. 1963. Dipl.-Psychologe, Studium der Psychologie in Mainz und der Theologie an der Päpstlichen Universtität Gregoriana, Rom. Mehrere Jahre wissenschaftlicher Mitarbeiter in der Abteilung Klinische Diagnostik/Intervention und Klinische Psychologie an der Friedrich-Schiller-Universität Jena. Systemtherapeutische Ausbildung, psychotherapeutische Praxis, Management- und Organisationsberater. Er ist spezialisiert auf psychologisches Führungskräftecoaching, Beratung und Entwicklung maßgeschneiderter Weiterbildungsmaßnahmen und Konzepte des Change Managements im Dienstleistungsbereich.

Bianca Mund, Jg. 1976. Studium der Psychologie an der Friedrich-Schiller-Universität Jena und der Fächer Politikwissenschaften, Amerikanistik und Germanistische Literaturwissenschaften (Magister Artium). Mitarbeit in verschiedenen wissenschaftlichen Projekten wie z. B. PACT (Projekt Assessment Center Training), „Persönlichkeitstrainings für Führungskräfte". Interessensschwerpunkt: Sozialpsychologie.

Dagmar Hopf, Jg. 1975. Studium der Psychologie an der Friedrich-Schiller-Universität Jena und der Fächer Politikwissenschaften, Amerikanistik und Philosophie (Magister Artium). Mitarbeit in verschiedenen wissenschaftlichen Projekten wie z. B. PACT (Projekt Assessment Center Training), „Persönlichkeitstrainings für Führungskräfte". Interessensschwerpunkt: Kommuniaktionspsychologie, speziell computervermittelte Kommunikation.

Managementkonzepte, hrsg. von Klaus Götz

1   *Klaus Götz:* **Führungskultur. Teil 1: Die individuelle Perspektive**
    ISBN 3-87988-375-0, 2. Auflage 1999, Hardcover, 144 S., DM 34.80, EURO 17.80

2   *Klaus Götz:* **Führungskultur. Teil 2: Die organisationale Perspektive**
    ISBN 3-87988-388-2, 2. Auflage 1999, Hardcover, 144 S., DM 34.80, EURO 17.80

3   *Helga Diel-Khalil, Klaus Götz:* **Ethnologie und Organisationsentwicklung**
    ISBN 3-87988-415-3, 2. Auflage 1999, Hardcover, 128 S., DM 28.95, EURO 14.80

4   *Klaus Götz, Monika Löwe, Sebastian Schuh, Martina Szautner (Hg.):*
    Cultural Change
    ISBN 3-87988-397-1, 2. Auflage 1999, Hardcover, 122 S., DM 28.95, EURO 14.80

5   *Klaus Götz:* **Kunden- und unternehmensorientierte Führung und Führungskräfteförderung in der Mercedes-Benz AG**
    ISBN 3-87988-393-9, 3. Auflage 1999, Hardcover, 189 S., DM 38.25, EURO 19.55

6   *Jana Leidenfrost, Klaus Götz, Gerhard Hellmeister:*
    Persönlichkeitstrainings im Management. Methoden, subjektive Erfolgskriterien und Wirkungen
    ISBN 3-87988-444-7, 2. Auflage 2000, Hardcover, 219 S., DM 38.25, EURO 19.55

7   *Peter Heintel, Klaus Götz:* **Das Verhältnis von Institution und Organisation. Zur Dialektik von Abhängigkeit und Zwang**
    ISBN 3-87988-395-5, 1999, Hardcover, 288 S., DM 38.25, EURO 19.55

8   *Klaus Götz (Hg.):* **Interkulturelles Lernen / Interkulturelles Training**
    ISBN 3-87988-438-2, 2. Auflage 2000, Hardcover, 279 S., DM 44.40, EURO 22.70

9   *Klaus Götz (Hg.):*
    Wissensmanagement: Zwischen Wissen und Nichtwissen
    ISBN 3-87988-439-0, 2. Auflage 2000, Hardcover, 272 S., DM 44.40, EURO 22.70

10 *Klaus Götz:* **Vom Paradies zur Apokalypse? Organisationen zwischen Steinzeit und Endzeit**
    ISBN 3-87988-429-3, 2000, Hardcover, 64 S., DM 24.45, EURO 12.50